심리학으로 읽는
룻기

＊이 책의 출판을 후원해주신 박순희, 김태선, 조영숙, 정재연,
김은하, 이희성 (그외 익명의 분들)님들께 감사드립니다.

Psychological Reading of the Book of Ruth

by
Lee, Kwanjik

Head & Heart
Seoul, Korea
2024

심리학으로 읽는
룻기

이관직 지음

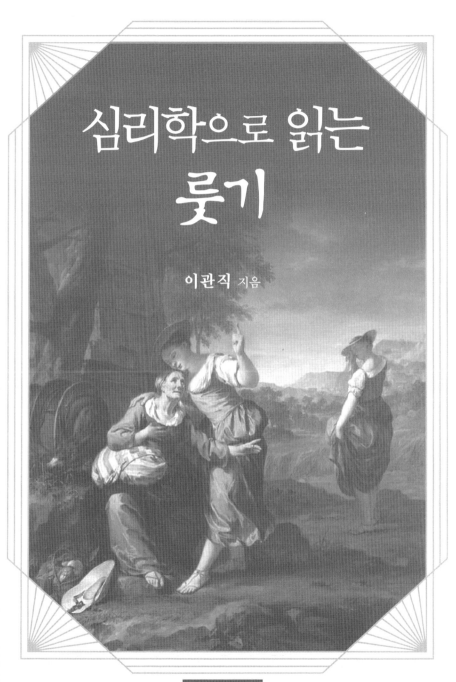

지혜와 사랑

추천사

손운산 박사

(한국목회와상담연구소장)

전통적으로 신앙인들에게 성경 이야기는 본받고 따라야 하는 권위적, 윤리적, 규범적 교훈으로 이해되어왔다. 성경에 나오는 인물들의 이야기는 언제나 중요한 이야기고 나의 이야기는 별로 중요한 이야기가 되지 못했다. 성경 인물들을 연구하는 이유도 그 인물들로부터 교훈을 얻기 위함이었고 신앙 여정도 성경 이야기에 나의 이야기를 합류시키는 것으로 이해되었다. 성경 이야기는 언제나 '나를 위한 이야기(story for)'였지 '나의 이야기(story of)'가 되지 못했다. 성경 이야기가 먼저 나의 이야기가 되지 못하면 나를 위한 이야기도 되지 못한다.

아담과 하와의 이야기가 나의 이야기가 될 때 비로소 그것이 나를 위한 이야기가 될 수 있다. 다윗은 시편에서 하나님을 향한 감사와 찬양과 함께 하나님 앞에서 자신의 분노와 좌절을 숨김없이 드러낸다. 우리는 다윗의 억울함의 심정을 표현한 시편을 읽으면서 말로 표현하지 못했던 나의 억울함의 실체와 직면하게 된다. 다윗의 시편이 나의 시편이 된다. 나아가서 하나님에 대한 깊은 신뢰를 담은 시편을 읽으면서 그 시편이 나를 위한 시편이 된다.

이관직 박사님은 오래전부터 성서의 인물들을 연구하면서 그들의 이야기를 우리들의 이야기로 살려내는 작업을 해 왔다. 성서의 인물들의 이야기를 심리학적 관점으로 읽으면서 그 이야기가 바로 '너의 이야기' 혹은 '나의 이야기'가 되게 했다. 저자는 『심리학으로 읽는 룻기』에서 룻기에 나오는 인물들의 이야기를 아주 먼 옛날 사람들의 이야기가 아니라 이 시대를 살아가는 우리들의 이야기가 되게 했다. 저자가 서문에서 밝힌 대로 "룻기는 인생의 보편적인 경험을 잘 묘사한다. 흉년과 풍년, 불임과 출산, 죽음과 상실, 상실과 슬픔, 애착과 중독, 트라우마와 고통, 선택과 헌약, 일상과 섭리, 수고와 은총, 수치와 명예, 죄책감과 징계, 이민과 역이민, 이방인과 환대, 실패와 회복, 역설과 역전 등 많은 주제들이 룻기에 담겨 있다."

우리 모두 한평생 살아가면서 작고 큰 상실, 특히 사랑하는 사람들을 잃는 아픔을 겪는다. 그로 인한 상처가 가슴에 돌덩이처럼 박혀 있고, 슬픔과 수치심으로 얼룩진 모습을 감추고 살아간다. 이 책을 읽다 보면 내가 룻이 되고 나오미가 되면서 슬픔이 터져 나오고 하나님께 호소한다. 슬픔과 아픔, 죄책감과 부끄러움을 없애 달라는 호소가 아니라 바로 그것을 갖고 기도하고 호소한다. 룻기는 단지 나의 이야기가 아니라 나를 위한 이야기가 된다. 한참 주저앉아 울던 나오미가 벌떡 일어나 얼룩진 얼굴로 고향으로 돌아가는 이야기를 읽으면서 우리도 아직 치유되지 않은 상처를 지닌 채로 일어나 걸어갈 힘을 얻는다. "나오미는 산산이 부서진 삶에서 절망하지 않고 다시 일어선다. 하나님은 그녀의 삶을 회복시키며 상상하지 못했던 방식으로 그녀의 삶을 역전시킨다. 나오미는 실패와 좌절에 빠져 고통하는 적지 않은 신앙인들에게 소망을 주는 신앙 선배이다"(169쪽). 나오미의 남은 인생 여정에 하나님의 은총의 햇살이 비추었듯이 우리들의 걸음에도 은총의 햇살이 비추고 있음을 경험한다.

　룻기는 가슴 아픈 이야기지만 따뜻함이 있는 이야기다. 우리들의 이야기도 마찬가지다. 이 시대의 수많은 나오미들과 룻들이 이 책을 읽으면서 많이 울고 많이 아파할 것이다. 나아가서 좌절과 실패와 상실을 통해 큰 역사를 만들어 가시는 하나님의 사랑과 섭리도 경험할 것이다.

추천사

김지찬 박사

(총신대학교 신학대학원 구약신학 교수)

　총신 신대원과 미국 칼빈 신학교에서 함께 공부했던 동기 이관직 교수가 "심리학으로 읽는 룻기"란 제목의 책을 썼는데 추천사를 써달라는 부탁을 받고 읽기도 전에 흔쾌히 수락하였다. 그것은 추천자와 친한 친구라는 이유 때문이 아니었다. 그 이유는 두 가지이다.

　첫째 전통적으로 성경 주해 방법론은 문법적-문예적-역사적-정경적-신학적 방법으로서 심리학적 방법은 들어가지 않지만, 성경 본문에 대한 심리학적 해석은 성경을 인간의 삶의 현장에 적용해야 하는 설교자들과 성경 해석자들에게는 피할 수 없는 해석 방법이기 때문이다. 인간은 어떻게 보아도 심리학적인 존재이기 때문에 인간에 대한 심리학적 이해 없이 성경에 등장하는 인물들을 지금 우리의 삶에 정확하게 적용할 수는 없다.

달리 말하자면 심리학적 해석은 성경 본문의 1차적 해석인 문자적인 주해 단계에 필요한 해석 방법론은 아니지만, 성경 본문을 교인들의 삶에 구체적으로 적용하는 과정에서는 꼭 필요한 해석 방법이다. 그러니까 심리학적 해석은 주해 후에 설교 작성을 할 때나, 성도들이나 현대인들과 상담을 할 때 고대 성경 본문을 현대인의 삶에 구체적으로 적실하게 적용을 하기 위해서는 반드시 알아야 하는 귀한 학문이라고 볼 수 있다.

그러나 성경 본문에 대한 심리학적 해석은 정교한 이론과 오랜 동안의 임상 경험이 없으면 매우 주관적인 해석이 될 수도 있다는 데 문제가 있다. 따라서 고대 성경 본문에 대한 심리학적 해석을 제대로 하기 위해서는 인간의 심리학적 본성에 대한 깊은 학문적 이해와 인간의 행동에 대한 폭넓은 관찰과 임상적 경험이 있어야 한다. 그런데 이관직 교수는 미국 병원에서 상담학으로 여러 해 동안 임상을 해온 실제 경험은 물론, 거의 30년에 가까운 목회 상담학 교수로서의 이론적 지식과 한국에서의 오랜 기독교적 상담 경험을 가지고 있기에 한국의 복음주의와 개혁주의 진영 안에서는 기독교 상담학과 심리학의 최고 전문가라고 볼 수 있다. 그렇기 때문에 이관직 교수가 룻기를 심리학으로 읽어내는 책을 썼다고 한다면 보나마나 성경 본문에 대한 탁월한 심리학적 통찰과 목회 상담적 혹은 설교적 적용이

들어 있을 것이 분명하였다. 이것이 선뜻 추천사를 쓰겠다고 한 두 번째 이유이다.

특별히 이관직 교수는 성경을 정확무오한 계시의 말씀으로 받아들이는 입장에서, 그것도 예수 그리스도로 나아가는 거대한 구속사의 관점으로 성경을 해석하는 상담학자이기에 그의 글은 마음 놓고 믿고 읽을 수 있는 탁월한 학자이다. 따라서 이 교수의 룻기 성경 본문에 대한 심리학적 통찰은 성경을 설교해야 하는 목회자들은 물론 성경을 사랑하는 일반 독자들에게도 큰 유익이 될 것이다.

좀 더 구체적으로 룻기에 대한 이관직 교수의 심리학적 이해를 살펴보면, 이 교수의 책은 성경 본문을 어떻게 현대인들의 삶에 적용할 수 있는지 멋진 본보기를 보여주고 있다. 이관직 교수는 "본문을 읽되 심리학의 렌즈를 통해서 등장 인물들의 마음과 행동을 조명" 하려고 한 것은 "룻기에 등장하는 인물들의 삶이 현대를 살고 있는 성도들의 마음과 많은 점에서 적용되고 접목될 수 있다는 전제" 때문이라고 분명히 밝히고 있기 때문이다. 이관직 교수는 룻기 본문에 대한 심리학적 이해가 목적이 아니라, 신학적 고뇌와 깊은 삶의 통찰, 그리고 현대의 심리학에 대한 폭넓은 이해를 가지고 구약 계시의 말씀을 어떻게든 현대인들의 삶에 적용시키는 것이 목적임을 서론에서부터 분명히 보여주고 있다. 그런 점에서 설교자들과 관심있는 성도들의 필요를 채워줄 수 있는 저서이다.

이관직 교수의 해석은 일부 성경 해석자들이 심리학적 해석이라는 미명 아래 본문을 멋대로 해석하는 "마구잡이 추측" (wild guess)과는 전혀 결이 다르다. 이관직 교수의 룻기 해석은 "정신분석학의 대상관계 이론과 자기 심리학, 애착이론, 발달심리학, 성격장애 이해, 인지 행동심리학과 가족치료 이론과 같은 심리학적 지식"을 통해 나온 적용이기에 성경 본문에 대한 심리학적 해석의 좋은 본보기를 보여준다. 이관직 교수는 이런 심리적 지식을 가지고 룻기 본문을 해석할 때 심리학적 틀을 강제로 본문에 입히는 '프로크루스테스의 침대' (Procrustean bed)로 사용하지 않기 때문이다.

이관직 교수의 책을 읽어보면 룻기 본문을 깊이 관찰하고, 구체적인 디테일에 근거하여 등장 인물들을 심리적으로 명징하게 분석하고 있음을 한 눈에 알 수가 있다. 예를 들어 이관직 교수가 나오미는 "희로애락의 경험을 하는 모든 신앙인들이 공감하며 동일시하는 신앙인물"로 보고 나오미의 삶을 조명하면서 책의 전체의 반을 할애하였는데, 이는 본문의 구조와 플롯을 살펴보면 매우 적절한 접근으로 볼 수 있다. 실제로 룻기는 나오미의 "인식의 관점"에서 룻기 전체의 플롯이 진행되고 있기 때문이다.

물론 독자들에게 "흥미의 관심"은 룻에게 있다. 독자들은 늙은 나오미 보다는 젊은 과부요 이방인인 룻이 시어머니를 따라 베들레헴으로 온 후에 이스라엘 공동체에서 어떤 일을 만나게 될지에 대한 관심을 갖는 것이 너무나 당연하기 때문이다. 그러기에 룻기 2장과 3장은 추수 밭과 타작 마당에서 룻이 경험한 이야기를 중심으로 스토리가 전개 된다. 따라서 책 제목도 "룻기"인 것이다.

그러나 룻기의 "인식의 관점"은 나오미에게 있다. 그래서 룻기의 서론과 결론인 1장과 4장에는 룻은 거의 등장하지 않고 나오미가 주도적 인물로 나온다. 나오미의 텅빈 삶(1장)이 어떻게 채워지는지(4장)가 룻기 전체 스토리의 처음과 끝을 형성하고 있는 것이다. 1장에서 나오미가 여호와께서 나로 텅비어 돌아오게 하셨다고 고백하지만, 4장에서는 베들레헴 여인들이 룻과 나오미가 낳은 아들인 오벳을 보며 나오미에게 "네 생명을 돌아오게 한 자"라고 칭송한다. 그리고 룻기 2장과 3장에서는 룻과 보아스에 의해 텅빈 나오기가 채워지느 모습을 묘사한다. 그러니까 룻기는 텅빈 나오미가 어떻게 채워지는지를 중심으로 플롯이 전개되는 것이다. 따라서 나오미를 "희로애락의 경험을 하는 모든 신앙인들이 공감하며 동일시하는 신앙인물"로 보고 룻기를 나오미 중심으로 해석한 것은 룻기 성경 본문의 자체 플롯과 디테일을 놓치지 않으면서 심리학적으로 룻기를 해석한 탁월한 학문적 성취라고 할 수 있다.

한마디로 이관직 교수의 "심리학으로 읽는 룻기"는 성경 본문을 문법적-문예적-역사적-정경적-신학적 해석으로 주해한 후에 현대에 적용하는 과정에서, 현대인들에 대한 심리학적-상담학적 분석이 고대 성경 본문의 주해 결실과 결합이 되면 "교훈과 책망과 바르게 함과 의로 교육" 하는 성경의 목적을 멋지게 달성할 수 있음을 보여주는 "성경 본문에 대한 심리학적 해석 분야의 단연코 수작"이라고 할 수 있다.

본인은 2017년에 750쪽에 달하는 방대한 분량의 "룻기, 어떻게 설교할 것인가"(생명의 말씀사)라는 책을 저술한 바가 있는데, 그 당시에 심리학적 해석은 할 능력이 없었고, 또 심리학적 해석을 한 저술을 만나보지도 못하였다. 그 때 이관직 교수의 "심리학으로 읽는 룻기"가 출판되었으면 큰 도움이 될 수 있었을 티인데 라는 아쉬움이 크다. 이에 기쁨으로 이관직 교수의 책을 강력 추천하는 바이다.

추천사

박병덕 박사
(총신대학교 대학원 구약학 외래교수)

존경하는 이관직 박사의 "심리학으로 읽는 룻기"는 따스하고 소망으로 가득한 글이라는 점이 가장 큰 특징입니다. 삶의 곤경 중에 처한 이 시대의 나오미들에게, 룻과 같이 낯설고 두려움 가득한 환경에서 용기를 발휘해야만 하는 상황에 처한 하나님의 자녀들에게 격려와 응원의 멧세지가 가득합니다. "룻기"라는 성경의 책 제목도 그리고 "심리학"이라는 첫 단어도 매우 딱딱하게 느껴지지만 이 책이 담고 있는 필체와 내용은 추운 날 어머니가 끓여 주셨던 한 그릇의 뜨끈한 국밥과 같이 빈 속을 남김없이 속 풀이하듯 후끈하게 채워 우리의 맘과 영혼이 다시 일어나 아직 얼마간 더 기다리고 인내하며 가야 할 목적지를 향해 훌훌 털고 걸어가게 합니다.

이렇게 될 수 밖에 없는 이유는 이 책의 가장 중요한 모든 장에서 우리의 영원한 소망이신 그리스도를 생각나게 하기 때문입니다. 베들레헴에 오셔서 말구유에 뉘이시고 말없이 십자가에 달리사 우리 죄와 슬픔을 담당하신 그분 말입니다. 이관직박사는 룻기에 등장하는 여러 등장인물들을 자신의 전공인 인간의 내면과 마음의 다채로운 움직임들의 관점에서 설명함으로 마치 활자들에게 생명을 불어 넣어 걸어 다니게 한 듯한 느낌을 받게 합니다. 나오미가, 룻이, 그리고 보아스가 그들이 했을 생각들과 가져보았을 마음들의 편린까지 그 여백에 기록하여 줌으로 그들이 사람이 되고, 친구가 되고, 내마음이 되고 내 위로가 되는 그런 기이한 과정을 겪게 합니다.

성경을 사랑하여 수 없이 읽고 연구한 저자의 이력과 심리학이라는 전공이 이렇게 절묘하게 상합하여 빛과 소리를 발하는 것이 참 기이하게 느껴집니다. 설교자들과 목회자들에게, 그리고 성경을 사랑하는 성도들에게 이관직 박사의 "심리학으로 읽는 룻기" 일독을 강력 권합니다.

저자 서문

이관직

(전 총신대 신학대학원 교수, 현 와싱톤중앙장로교회 상담목사)

2023년 초에 성경을 통독하는 시간을 갖는 중 룻기가 필자에게 다가왔다. 이전부터 룻기는 필자에게 개인적으로 적용점이 많은 의미를 가진 하나님의 말씀이라고 알고 있었다. 2021년 말 미국으로 이민오는 과정에서 개인적으로 씨름했던 성경인물도 엘리멜렉과 나오미였다. 하지만 룻기 관련 책들이 이미 많이 있는데 굳이 필자가 룻기에 대해서 또 다른 책을 쓰는 것에 대해서는 주저하는 마음이 있었다. 그럼에도 불구하고 일단 생각이 흐르는대로 글을 써본 후에 마음을 정하자 싶어 쓰기 시작한 것이 계기가 되어 마침내 책으로 출간하게 되었다.

다른 룻기 관련 책들과 달리 필자는 본문을 읽되 심리학의 렌즈를 통해서 등장인물들의 마음과 행동을 조명해보고자 했다. 이 책에서 의미하는 심리학이란 특정 심리학 이론을 의미하지

않는다. 하나님이 지으신 인간의 마음과 정신세계를 설명하고
자 하는 일반은총 영역의 학문을 의미한다. 정신분석학의 이해에
서는 대상관계이론과 자기심리학, 애착이론이 주는 통찰과 발달
심리학과 성격장애 이해, 그리고 인지행동심리학과 가족치료
이론이 제공하는 지혜도 연결하고자 했다. 심리학의 용어에 익
숙하지 않은 독자도 이해하기 쉽게 쓰려고 했다. 룻기 저자의
주 목적은 심리학적인 이해에 있는 것이 아니라는 점은 분명히
밝히고 싶다. 그러나 룻기에 등장하는 인물들의 삶이 현대를 살
고 있는 성도들의 마음과 많은 점에서 적용되고 접목될 수 있다
는 전제를 가지고 이 책을 썼음을 밝힌다.

　필자는 룻기에 등장하는 인물들의 행동과 말을 통하여 그들
의 내면에서 일어나는 불안과 갈등의 역동성, 그리고 그들의 신
앙적인 해석과 선택 또는 신경증적이며 인본주의적인 인식과
선택에 대해서 조명하고자 했다. 룻과 보아스는 좋은 대상, 치료
적 대상으로 이해되며 우리가 본받을 수 있는 내적 자질을 많이
가진 인물이다. 오르바와 아무개 씨는 중요한 인생의 갈림길에
서 퇴행한 인물로서 우리에게 반면교사의 역할을 한다. 나오미
는 희노애락의 경험을 하는 모든 신앙인들이 공감하며 동일시
할 수 있는 신앙인물이라고 할 수 있다. 필자는 나오미의 삶을
조명하는 데 많은 분량을 할애하였다. 나오미의 삶이 잘 묘사된

롯기 1장을 세 장으로 나누어 다룰 만큼 많은 내용을 롯기 1장에 할애했음을 밝힌다.

필자가 이 책을 쓴 방식은 롯기를 일차적으로 필자의 개인적인 관점으로 읽으면서 반추하고 떠오르는 생각들을 글로 옮기는 방식이었다. 필자의 글이 완성된 다음에는 객관적인 입장에서 필자의 글을 세 사람의 롯기 주석가의 주석과 비교하여 연결짓기 하거나 구별짓기 하고자 했다. 이 작업은 주로 본문 아래에 주석으로 처리해서 롯기에 대한 좀 더 심도있는 정보를 독자들에게 주고자 했다. 필자에게 큰 도움이 되었던 주석은 2023년에 출간된 Peter H. W. Lau의 롯기 주석이었다. 그는 롯기에 대해 박사논문을 썼고 The New International Commentary on the Old Testament의 편집자들로부터 롯기주석을 써줄 것을 의뢰받아 이 주석을 출간하였다. 그는 호주에서 성장기를 보낸 중국계 구약학자이다. 그는 롯기를 '명예와 수치'라는 근동 사회 문화적인 배경을 염두에 두면서 롯기의 등장인물들의 행동과 말에 대해서 통찰력 있게 주석하였다. 그는 롯기에서 여러 번 반복되는 교차대구법적인(chiastic) 문학적 구조와 사용된 히브리어 단어와 문장에 대해서도 심도 있는 주석을 하였다. 특히 하나님의 섭리와 인간의 행동 사이에 모순이 없음에 대해 확신하며 하나님의 주권 사상을 높이는 주석을 썼다는 점에서 필자의 글에 많은 도움을 주었다.

필자가 이 책을 쓰면서 견지했던 역사관은 예수 그리스도의 구속사 사관이다. 역사는 하나님의 스토리이다. 그 스토리의 정점에 예수 그리스도의 십자가가 있다. 룻기는 다윗왕의 조상을 드러내는 내러티브가 아니라 다윗의 후손으로 오실 메시야 예수 그리스도를 예표하며 표상하는 내러티브이다.

룻기는 인생의 보편적인 경험을 잘 묘사한다. 흉년과 풍년, 불임과 출산, 죽음과 상실, 상실과 슬픔, 애착과 중독, 트라우마와 고통, 선택과 헌약, 일상과 섭리, 수고와 은총, 수치와 명예, 죄책감과 징계, 이민과 역이민, 이방인과 환대, 실패와 회복, 역설과 역전 등 많은 주제들이 룻기에 담겨 있다. 따라서 룻기를 읽으면 누구나 공감하며 동일시하는 그 무엇을 경험할 수 있다. 룻기에 등장하는 여러 인물들은 오늘을 살아가는 필자와 모든 믿는 자들에게 위로와 격려를 주며 그 무엇인가를 교훈한다."무엇이든지 전에 기록된 바는 우리의 교훈을 위하여 기록된 것이니 우리로 하여금 인내로 또는 성경의 위로로 소망을 가지게 함이니라"(롬 15:4). 사도 바울의 이 말씀처럼 룻기는 특히 위기와 고통 가운데 있는 이들에게 소망을 주는 귀한 하나님의 말씀이다.

룻기는 솔로몬이 간파한 인생의 모습과 연결된다. 범사에 기한이 있다. 천하 만사가 다 때가 있다. 날 때가 있고 죽을 때가 있다. 죽일 때가 있고 치료할 때가 있다. 울 때가 있으면 웃을 때가 있다. 슬퍼할 때가 있으면 춤출 때가 있다. 잠잠할 때가 있고 말할 때가 있다. 그런데 이 모든 때를 하나님이 지으시고 때를 따라 아름답게 하셨다(전 3:1-11 참조). 나오미처럼 필자의 삶에도 희노애락이 씨줄과 날줄로 교차하면서 당장에는 보이지 않았던 테피스트리(tapestry)의 무늬를 만들어왔고 지금도 진행형이다. 나오미의 테피스트리는 완성되었다. 그녀의 테피스트리의 시작과 과정과 결과를 우리는 알고 있다. 나오미의 테피스트리는 하나님의 임재와 섭리와 구원을 믿는 모든 자들의 테피스트리의 원형이라고 말해도 과언이 아니다.

2024년을 맞이하는 한 겨울

저자 **이관직**

목차

떡집의 흉년과 모압 이주

(1:1-5)

 제1장

떡집의 흉년과 모압 이주
(1:1-5)

1　사사들이 치리하던 때에 그 땅에 흉년이 드니라 유다 베들레헴에 한 사람
　　이 그의 아내와 두 아들을 데리고 모압 지방에 가서 거류하였는데
2　그 사람의 이름은 엘리멜렉이요 그의 아내의 이름은 나오미요 그의 두 아
　　들의 이름은 말론과 기룐이니 유다 베들레헴 에브랏 사람들이더라 그들
　　이 모압 지방에 들어가서 거기 살더니
3　나오미의 남편 엘리멜렉이 죽고 나오미와 그의 두 아들이 남았으며
4　그들은 모압 여자 중에서 그들의 아내를 맞이하였는데 하나의 이름은 오
　　르바요 하나의 이름은 룻이더라 그들이 거기에 거주한 지 십 년쯤에
5　말론과 기룐 두 사람이 다 죽고 그 여인은 두 아들과 남편의 뒤에 남았더라

　사사들이 통치하던 시기가 룻기의 시대적 배경이다.[1] 나중에

---

1)　라우는 여성의 이름을 딴 성경은 에스더서와 룻기임을 지적하면서 룻기의
　　중심 인물(the central character)은 나오미이지만 주요 인물(the main
　　character)은 룻으로 본다. 성경 제목으로서 이방인의 이름이 들어간 것은 룻
　　기뿐이라는 사실도 잘 지적한다. Peter H. W. Lau, *The Book of Ruth*, The
　　New International Commentary on the Old Testament series (Grand
　　Rapids, MI: William B. Eerdmans Publishing Company, 2023), 1. 제목
　　은 룻기이지만 핵심 주제는 나오미의 고난의 의미와 보이지 않는 하나님의 섭

롯의 남편이 된 보아스의 아버지가 살몬이며 어머니가 여리고의 기생 라합이라는 사실에서 시대적으로는 여호수아의 세대가 끝난 지 수십 년 정도 지났을 때라고 추정된다.[2] 유다 지파에게 분배된 작은 마을 베들레헴이 룻기의 장소적 배경이다.[3] 롯기를 읽으면 마치 영화를 보는 것 같은 착각이 들 정도로 목가적인 풍경(idyllic scenery)이 쉽게 그려진다.

젖과 꿀이 흐르는 가나안 땅에 정착한 이스라엘 백성들에게 흉년(기근, 가뭄)이 임했다는 것은 하나님의 징계가 전체 백성들에게 임했음을 의미한다. 베들레헴이라는 성읍의 이름의

리라고 볼 수 있다. 보는 관점에 따라서는 룻의 내러티브로 볼 수도 있을 것이다. 필자는 이 책에서 나오미의 관점에서 글을 전개하였다. 이후부터 라우의 책을 *Ruth*으로 줄여서 표기했다. 룻기가 저술된 시기에 대해서 영거는 유다왕국 말기 또는 포로기 후기로 추정한다. K. Lawson Younger Jr. , *Judges, Ruth: The NIV Application Commentary* (Grand Rapids, MI: Zondervan, 2020). 484.

2) 룻기와 마태복음에 소개된 족보에 따르면 이렇게 볼 수 있다. 세대간에 생략된 인물들도 있어서 확정적으로 말하기는 어렵다. 영거는 근동지역에서 족보를 소개할 때 다섯 세대에서 열 세대 정도 소개하는 것이 일반적이며 이름이 더해지거나 생략되는 경우가 흔하다고 지적한다. Younger, *Judges, Ruth*, 303. 룻 4:18-22에 소개된 족보는 모두 열 세대로 소개되며 흥미롭게도 보아스가 일곱 번째 세대로 소개되면서 보아스의 중요성이 부각된다.

3) 에브랏은 마을이름인데 나중에 베들레헴에 포함된 것으로 보며 베들레헴과 동의어로 쓰이기도 한다. "라헬이 죽으매 에브랏 곧 베들레헴 길에 장사되었고"(창 35:19). 유다 지파에 속한 갈렙이 첫째 아내 아수바가 죽은 다음에 결혼한 아내의 이름이 에브랏인데 그녀와의 관계에서 훌이라는 아들이 태어난다(대상 2:19 참조).

심리학으로 읽는 룻기

뜻은 '떡집'(house of bread)이다. 떡집에 떡이 없는 아이러니가 시대적 상황을 잘 말해준다.

흉년은 하나님의 말씀에 대하여 불순종하는 삶에서 일어날 것이라고 경고했던 징계가 이스라엘 백성에게 닥쳤음을 의미한다.[4] 이 위기는 베들레헴에 사는 유다 지파 사람들에게도 예외가 아니었다. 생존을 직접 위협하는 흉년이 든 것은 이스라엘 백성 전체를 향한 하나님의 경고 나팔 소리였다.[5] 베들레헴 사람들을 포함한 이스라엘 백성들은 모두 흉년이라는 '보편적 고난'의 시기를 통과해야 했다.

---

4) "너희는 스스로 삼가라 두렵건대 마음에 미혹하여 [미혹되어] 돌이켜 다른 신들을 섬기며 그것에게 절하므로 여호와께서 너희에게 진노하사 하늘을 닫아 비를 내리지 아니하여 땅이 소산을 내지 않게 하시므로 너희가 여호와께서 주신 아름다운 땅에서 속히 멸망할까 하노라"(신 11:16-17).

5) 메튜 헨리(Matthew Henry)는 레 26:19-20을 근거로 베들레헴에 찾아온 흉년은 하나님의 징계라고 보았다. "내가 너희의 세력으로 말미암은 교만을 꺾고 너희의 하늘을 철과 같게 하며 너희 땅을 놋과 같게 하리니 너희의 수고가 헛될지라 땅은 그 산물을 내지 아니하고 땅의 나무는 그 열매를 맺지 아니하리라." https://www. biblestudytools. com/commentaries/matthew-henry-complete/ruth/ 라우는 엘리멜렉의 가족이 이스라엘 다른 지파의 지역으로 이사하지 않고 모압으로 간 것을 볼 때 이 흉년은 베들레헴에만 국한된 것이 아니라 이스라엘 전체에 임한 것으로 볼 수 있다고 잘 지적한다. Lau, *Ruth*, 66. 웨스트민스터신학교 교수인 퍼거슨도 사사기 시대에 이 가뭄이 임한 것은 우연한 일이 아니라 언약 신학적인 의미를 지닌 사건이라고 해석한다. 하나님께 돌아오기를 촉구하는 메세지가 가뭄이라는 사건에 담겨 있다는 것이다. Sinclair B. Ferguson, *Faithful God: An Exposition of the Book of Ruth* (Bryntirion Press, 2013), 22.

모압 이주를 결정한 엘리멜렉과 그의 가족

이스라엘 전 지역에 발생한 기근이라는 위기 상황에서 베들레헴에서 살던 한 가정이 소개된다. "나의 하나님은 왕이시다"라는 신앙고백이 담긴 이름을 가진 엘리멜렉과 '사랑스러운 자' 또는 '나의 기쁨'이라는 뜻을 가진 그의 아내 나오미는 이 흉년 상황을 어떻게 대처할 것인지 고민한다. 그러나 그들은 각자 소견대로 행하던 사사 시대의 정신에 걸맞게 하나님이 그들과 그들의 가정의 왕이시라는 사실을 충분히 자각하지 못한다. 그래서 그들은 마침내 모세 율법이 명시적으로 금지한 나라인 모압으로 이주하기로 결정한다.[6] 아마도 잠시 머물다 흉년이 끝나면 돌아올 생각으로 이민을 결정했을 것이다.[7] 이 결정에 대해 룻기 기자는 남편 엘리멜렉의 능동적인 행동과 책임을 강조한다("a man went").[8] 아내 나오미는 수동적으로 이 결정에

---

6) 라우도 "그와 그의 아내 그리고 그의 아들들"이라는 표현에서 그를 중심으로 그의 가족관계가 기술되고 있다는 점에서 약속의 땅을 떠나는 결정에 대하여 그가 책임이 있음을 시사하고 있다고 주석함으로써 필자의 견해와 일치하게 주석한다. Lau, *Ruth*, 66.

7) 라우는 '구르'(*gur*)라는 히브리어 단어가 '체류하다'(sojourn)의 뜻을 갖고 있으므로 이민이 아닌 단기적인 체류를 위해서 모압으로 갔을 것이라고 주석한다. Lau, *Ruth*, 66. 단기적인 체류 계획이 정착으로 이어진 것이다.

8) 라우도 "그와 그의 아내 그리고 그의 아들들"이라는 표현에서 그를 중심으로 그의 가족관계가 기술되고 있다는 점에서 약속의 땅을 떠나는 결정에 대하여

동참한다.

결정은 항상 책임을 수반한다. 생존하기 위해 이민을 간 나라 모압에서 엘리멜렉은 죽는다. 룻기 기자는 그 이유에 대해서 침묵한다. 그의 죽음이 하나님의 징계라고 쉽게 단언하기는 어렵다. 룻기 기자가 그의 죽음이 하나님의 징계에 의한 것이라고 명시적으로 언급하지 않기 때문이다.[9] 게다가 만약 두 아들이 그들의 결정에 수동적으로 따랐다면 두 아들이 죽은 것까지 하나님의 징계였다고 보는 것이 무리일 수 있기 때문이다. 가족의 안위를 생각해서 나름 최선의 대처 방안을 강구한 엘리멜렉의 노력을 비난하기도 어렵다.

그럼에도 불구하고 엘리멜렉의 모압으로의 이민 결정과 그에 따른 일련의 행동은 분명히 죄악이었다. 그와 그의 아내는 명시적으로 금지한 율법의 바운더리(boundary)를 넘었기 때문이다.[10] 사사시대에 찾아온 흉년은 가나안에서 기업을 분배 받

그가 책임이 있음을 시사하고 있다고 주석함으로써 필자의 견해와 일치하게 주석한다. Lau, *Ruth*, 66.

9) 라우도 엘리멜렉의 죽음이 자연사인지 아니면 하나님의 징계인지에 대한 질문이 생길 수 있음에 대해서 언급하면서 어떤 경우라 하더라도 외국에서, 부정한 땅에서 죽고 묻히는 것은 수치스러운 일이라는 점을 암 7:17과 연결해서 지적한다. "네 땅은 측량하여 나누어질 것이며 너는 더러운 땅에서 죽을 것이요 이스라엘은 반드시 사로잡혀 그의 땅에서 떠나리라." Lau, *Ruth*, 71.

10) "사생자는 여호와의 총회에 들어오지 못하리니 십 대에 이르기까지도 여호와의 총회에 들어오지 못하리라 암몬 사람과 모압 사람은 여호와의 총회에 들어

은 이스라엘 백성들에게 하나님의 징계가 임했음을 알려주는 분명한 계시적(revelatory) 사건이었다. 엘리멜렉은 이스라엘 전체에 임한 하나님의 징계를 감내하고 회개하면서 기다렸어야 했다.[11] 그러나 그는 고난의 상황에서 인내하며 견디는 것을 선택하지 못한다. 고통과 고난을 피하려고만 했다.

엘리멜렉의 회피 행동은 문제의 핵심을 직면하지 못하는 이들에게서 발견되는 전형적인 신경증적(neurotic) 행동이다.[12] 그는 여성 정신분석학자 캐런 호나이(Karen Horney)가 지적한

오지 못하리니 그들에게 속한 자는 십 대뿐 아니라 영원히 여호와의 총회에 들어오지 못하리라"(신 23:2-3). 라우는 룻기가 낭독되는 것을 듣는 청중이 엘리멜렉과 그의 가족이 모압으로 갔다는 부분에서 이맛살을 찌푸렸을 것이라고 주석하면서 역사적으로 이스라엘과 모압과의 관계가 여러 차례 부정적이었음을 지적한다. Lau, *Ruth*, 67. 특히 이스라엘의 광야생활 중에 모압은 환대하지 않았고 발람을 통해서 저주하려고 했고, 바알 브올 사건에서는 우상숭배와 성적 부도덕한 행위까지 하도록 유혹했다. 그래서 많은 이스라엘 백성들이 하나님의 심판을 받았다. 모세는 가나안 입성을 앞두고 모압 평지에서 신명기를 설교하면서 모압과의 관계를 명시적으로 금지했다.

11) 라우는 국가적인 흉년 상황에서 개인주의 사회가 아니고 집단주의적인 이스라엘 공동체에서 엘리멜렉과 그의 가족이 재난 상황에서 자기 조국을 버리고 다른 나라에, 그것도 이스라엘과 적대 관계에 있었던 모압에 체류하러 가는 행동은 수치스러운 일이었을 것이라고 주석한다. Lau, *Ruth*, 68.

12) 신경증(neurosis)란 '노이로제'라는 말로도 우리 사회에서 불리기도 했는데 심리내면적 갈등 또는 사회문화적 관계에서 비롯된 갈등으로 인하여 생긴 불안(anxiety)에 대해서 미성숙한 방어기제를 주로 사용하여 대처하는 정신질환을 총칭하는 용어이다. 불안은 보통 뚜렷한 이유나 원인을 알 수 없는 경우를 의미하는 용어로 사용된다. 반면 '두려움'(fear)는 원인이나 대상을 알 수 있는 경우로 구별하여 사용된다. 불안과 두려움을 혼용하기도 한다.

신경증적 대응 기제의 하나인 '멀어지기,' '거리두기,' 또는 '회피하기'로 번역될 수 있는 'Moving Away'의 방식을 사용한 것이다. [13) 이 방어기제는 일시적으로 효과가 있다. 그러나 장기적으로는 성장과 변화를 저해한다. [14) 안타깝게도 엘리멜렉의 신경증적인 선택은 자신과 두 아들들의 생명을 죽음으로 이끌고 만다.

어쩌면 베들레헴 백성들 중에서 엘리멜렉의 가정처럼 모압으로 이주하는 방법을 선택한 가정들도 적지 않았을 것이다. 하나님을 알지 못한 세대가 되었던 사사시대에 신본적인 삶을 선택하는 이들보다는 인본적인 삶을 선택하는 이들이 더 많았다는 점을 고려한다면 그럴 가능성이 충분히 있다. 그랬다면 여러 가정들이 선택한 신경증적인 대응 방법이 오히려 이해되고 자연스럽게 받아졌을 것이다. 그들은 서로의 신경증을 '강화'(reinforcement)시킴으로써 금지된 바운더리를 넘는 것에 대

---

13) 호나이는 세 가지 대응 기제를 규명하였다. '순응하기'(Moving Toward), '저돌적으로 대하기'(Moving Against), 그리고 '거리두기'(Moving Away)이다. 현재 사용되는 10개의 성격장애를 세 군(Clusters)으로 나누어 이해하기도 하는데 이 세 군이 호나이가 규명한 대응기제와 연결된다. 순응하기에 해당하는 성격장애는 강박성, 의존성, 회피성 성격장애이다. 저돌적으로 대하기에 해당하는 성격장애는 자기애성, 연극성, 경계성, 그리고 반사회성 성격장애이다. 거리두기에 해당하는 성격장애는 편집성, 조현성, 그리고 조현형 성격장애이다.
14) 죄와 중독도 단기적인 즐거움과 쾌락을 반드시 제공하지만 장기적으로는 파멸을 가져온다는 점에서 방어기제의 역동성과 같은 역동성을 갖고 있다.

하여 불안과 두려움을 덜 느꼈을 것이다.

엘리멜렉과 나오미의 결정은 에덴 동산에서 하와와 아담의 결정과 연결된다. 룻기에서는 엘리멜렉이 바운더리를 넘는 일에 주도적 역할을 한다. 반면 창세기에서는 하와가 바운더리를 넘는 일에 주도적인 역할을 한다. 하와는 하나님이 명시적으로 금지한 바운더리를 넘음으로써 남편 아담까지 고통에 동참하게 하고 후손들에게 치명적인 죄와 고통을 물려준다. 마찬가지로 엘리멜렉의 결정은 자신과 자신의 두 아들이 모두 죽는 결과를 초래한다. 나오미와 두 며느리에게는 지우기 힘든 상실의 트라우마를 남긴다. 하와는 세대에서 세대로 영원히 그 죄의 결과가 전해지는 결과를 가져온다. 반면 엘리멜렉은 한 세대로 그 잘못된 선택의 결과가 끝난다는 점에서 하와와 구별된다. 그러나 둘 다 하나님의 헤세드(besed) 사랑을 입는다는 점에서 연결된다. 하나님은 아담과 하와에게 수치를 가려주며 추위로부터 보호해주는 '가죽옷'을 입혀서 에덴동산에서 나가도록 하신다. 엘리멜렉의 경우에는 하나님은 남편을 잃은 나오미와 며느리 룻의 슬픔의 '베옷'을 벗기시고 기쁨의 '새 옷'을 입혀주신다. '마라' 옷을 벗기시고 '나오미' 옷을 입혀주신다.

룻기 저자는 엘리멜렉의 두 아들의 이름까지 언급한다. 한국인의 이름이 뜻이 있듯이 히브리인의 이름도 뜻이 있다. 두

심리학으로 읽는 룻기

아들의 이름의 뜻은 흉년과 죽음을 예견하는 뜻이다. 말론 (Mahlon)은 '병'(sickness)을 뜻하며 기룐(Kilion)은 '소모' 또는 '소진'(wasting)을 의미한다. 대부분의 부모는 자녀의 이름을 지을 때 긍정적이며 희망적인 의미를 가진 이름을 짓는다. 그런데 흥미롭게도 엘리멜렉과 나오미는 병약하고 부정적인 뉘앙스를 지닌 이름을 짓는다. 두 아들은 이름이 암시하듯이 모압에서 결혼 후에 곧 죽는다.

엘리멜렉의 이름은 삶의 주인이 여호와 하나님이라는 뜻을 갖고 있다. 그런데 그는 이름과 달리 생사화복을 주관하시는 전능하신 여호와께 시선을 고정하지 못한다. 대신 닥쳐온 가뭄의 위협에 시선을 둔다. 두 세대 앞의 조상들을 광야에서 기적적으로 40년간 하늘 양식인 만나로 먹이셨던 여호와 하나님에 대해 믿음으로 반응하지 못한다.[15] 그는 이름 값을 하지 못한다.

---

15) 위어스비는 40일 금식 후에 마귀에게 돌로 떡을 만들어먹으라는 유혹을 받았을 때 예수님이 인용하신 말씀을 엘리멜렉의 행동에 잘 연결한다. "사람이 떡으로만 살 것이 아니요 하나님의 입으로부터 나오는 모든 말씀으로 살 것이라 하였느니라"(마 4:4). 그는 다윗의 고백도 잘 인용하여 엘리멜렉과 같은 상황에 놓일 때 우리가 어떤 자세로 살아야 할지를 가르쳐준다. "내가 어려서부터 늙기까지 의인이 버림을 당하거나 그의 자손이 걸식함을 보지 못하였도다"(시 37:25). https://www.biblestudytools.com/commentaries/wiersbe-ot/ruth-1.html. 주기철 목사의 아내 오정모 사모는 김일성이 주기철 목사를 회유하기 위해 그녀에게 안위를 보장해주겠다는 표식으로 땅문서들과 돈을 보내왔을 때 단칼에 거절했다고 한다. 주목사의 어린 아들이었던 주광조(나중에 장로가 됨)가 이해하지 못해 엄마에게 이유를 물었을 때 그녀는 어린 아들에게

그는 자기가 자신의 삶의 왕이 되고자 했다. 그의 삶의 태도는 사사기 시대의 이스라엘 백성의 전반적인 시대 정신을 반영한다. 그를 포함해서 당시 대부분의 이스라엘 백성들이 여호와를 제대로 경외하는 삶을 살지 못했다. 오늘도 예외가 아니다. 가나안 백성들의 시대 정신처럼 현세적이며 종교혼합적인 포스트모던 사회 속에서 믿는 자들도 자칫 참으로 하나님께 시선을 고정하지 못하고 살 위험성이 높다는 사실을 자각해야 한다.

믿는 자들의 인생에서 흉년이나 불임은 의미가 있다. 부부관계에 흉년이 찾아올 수 있다. 대화가 되지 않고 결혼을 후회하며 결혼을 물리고 싶은 때도 찾아올 수 있다. 끝나지 않는 부부 갈등으로 인해서 차라리 상대방이 빨리 죽으면,또는 자신이 먼저 죽으면 좋겠다는 생각이 원치 않게 불쑥 찾아오는 결혼생활을 하는 성도들도 상담 현장에서 만난다. 결혼생활에서 흉년을 보내고 있는 이들이다. 부모 자녀 간에 대화가 되지 않는 흉년도 찾아온다. 직장이나 사업장에 예기치 않은 흉년이 찾아온다. 전혀 예상하지 못했던 COVID-19로 인해 전 세계적으로 많은 이들이 경제적인 손실을 입었다. 많은 자영업자들이

이 시편 본문을 인용해서 교훈했다고 한다.

심리학으로 읽는 룻기

가게 문을 닫았다. 승객이 급감하여 항공기 조종사들과 승무원들까지 실직하는 상상하지 못했던 일이 일어났다. 구글이나 아마존과 같은 대형 기업에서 일하는 IT 전문가들이 하루 아침에 실직을 통보받는 흉년이 이 글을 쓰는 지금도 이어지고 있다.

이와 같은 여러 형태의 흉년에서 우연이란 존재하지 않는다. 우리가 이해할 수 없는 흉년조차 의미가 있다. 하나님을 사랑하는 자에게는 모든 일이 합력하여 선을 이루게 하시는 하나님과 연결짓기 하며 인내하는 것이 지혜이며 사는 길이다. "우리가 알거니와 하나님을 사랑하는 자 곧 그의 뜻대로 부르심을 입은 자들에게는 모든 것이 합력하여 선을 이루느니라"(롬8:28)는 말씀을 신뢰하고 흉년 중에도 이 한 절 말씀을 붙잡고 소망을 잃지 않기를 바란다. [16] 현재는 아니더라도 미래의 당신의 삶에서 예기치 않던 흉년이 찾아올 때 인본주의적인 방식을 내려놓고 신본주의적인 방법으로 "나의 하나님이 왕이시다"라고 고백하며 믿음으로 견뎌내기를 바란다.

---

16) 라우는 룻기에서 하나님의 섭리하심은 내현적으로(implicitly) 일상의 삶에서 역사하는 것이 특징적이라고 잘 지적한다. Lau, *Ruth*, 38. 구약의 다른 내러티브에서 보이는 극적이며 초자연적인 하나님의 개입과 섭리와는 구별되게 '은밀하게' 진행되는 것이라는 점에서 룻기에 나타난 하나님의 섭리는 대부분의 현대 성도들의 일상 삶에서 적용이 잘 될 수 있다.

엘리멜렉은 나오미와 함께 고민하며 의견을 나누는 시간을 거쳤을 것이다. 하루 이틀 만에 내린 결정은 아니었으리라. 충동적이거나 결단력이 있는 사람들은 하루 만에 중요한 결정을 내리고 행동으로 옮기기도 하지만 말이다. 어느 정도 장성한 말론과 기룐과도 의논했을 것이다. 흉년에 베들레헴에서 그냥 견딜 것인가? 혹시 대책 없이 그냥 지내다가 굶어 죽지는 않을까? 과연 모압으로 가도 될까? 잘 적응할 수 있을까? 등등 여러 질문과 씨름했으리라.

본문에는 나오지 않지만 엘리멜렉만 아니고 베들레헴 사람들 중에 먼저 모압이나 다른 나라로 이주했던 동네 사람들도 있었을 것이다. 여호수아가 죽고 그 다음 세대는 여호와를 알지 못하는 세대가 된 사사시대의 상황을 고려한다면 여호와를 경외하는 이들보다는 가나안화 되어가는 사람들이 더 많았을 것이다. 마치 미성숙한 사람들이 불안한 상황에서 신경증적으로 반응함으로써 회피하고 도망하듯이 베들레헴 사람들 중에도 엘리멜렉의 가정과 같은 방식으로 흉년에 대처하는 사람들이 많았을 것이라 추정할 수 있다. 다른 사람들이 먼저 떠나는 것을 보면서 엘리멜렉과 나오미는 더 불안했으리라.

나도 당신도 이런 상황에서 갈등한다. 갈등할 수 있다. 갈등하는 것 자체가 죄는 아니다. 그러나 갈등 과정에서 하나님과 그의 약속을 바라보고 신앙적인 선택을 해야 한다. 안타깝게도 그렇지 못할 때가 많은 것이 많은 크리스천들의 현주소이다.

엘리멜렉과 나오미는 마침내 불신앙적인 선택을 한다. 많은 기독 신앙인들이 엘리멜렉과 나오미가 한 선택을 한다. 내가 상담 현장에서 만난 대부분의 내담자들도 같은 씨름을 하고 있었다. 야곱의 인생 여정과 같은 삶을 사는 크리스천들이 참 많다. 하나님의 약속을 믿고 기다리는 대신 형을 속이고 팥죽 한 그릇으로 장자권을 사고 속여서라도 아버지의 축복을 받고자 했던 야곱의 인본주의적인 모습이 나와 당신에게도 있다. 그는 쌍둥이 형 에서와의 피할 수 없는 위협적인 만남을 앞두고 얍복강 나루터 근처에서 혼자 밤을 보낸다. 그 밤에 그는 밤새도록 낯선 사람과 사투를 벌이며 레슬링을 한다. 땀범벅,피범벅이 되고 마침내 천사가 그의 환도뼈를 침으로 위골이 되지만 천사를 놓지 않고 축복을 구한다. 동이 틀 무렵 그에게 천사로부터 "하나님과 겨루어 이겼다"라는 의미를 가진 '이스라엘'이라는 새 이름이 주어진다. 하나님의 축복과 약속을 받은 것이다. 그러나 그는 그 아침에 에서와 만나기 전에 불안과 두려움에 대처하던 옛 방식, 즉 인본주의적인 방법을 재반복한다. 자신과의 관계의 중요성에 따라 자녀들까지 순위대로 배치한다. 하나님의 약속을 받았음에도 불구하고 여전히 자신이 삶을 통제하려는 욕구에 휘둘린다. 그렇다. 야곱의 이 모습이 많은 크리스천들의 실제 모습이다. 불안하고 두려울 때 전능하신 하나님께 시선을 고정하지 못하고 보이는 현실이 눈에 먼저 들어오는 것이 나와 당신의 현실이 될 때가 많다. 하나님을 믿고 '크리스천'이라는 이름표를 달고 있지만 예수 그리스도를 마음의 왕좌에 모시지 못한 채 의식적으로 또는 무의식적으로 자신이 삶의 주인이 되려고 하는 크리스천들이 참 많다. 야곱과 엘리멜렉은 이런 모습을 가진 나에게, 그리고 당신에게 좋은 반면교사이다.

살고자 하면 죽는다

유다 지파에 속한 베들레헴은 예루살렘에서 남서쪽으로 약 6마일(약 10km) 거리에 위치해 있다. 해발 약 2,300피트(약 700미터)의 고지대에 위치한 전략상으로도 중요한 도시였다.[17] 당시의 지도를 보면 베들레헴에서 모압으로 가는 길은 베들레헴

---

17) 다윗 시대에 블레셋이 점령한 적이 있고 르호보암 왕이 여러 성읍들을 요새화 했는데 베들레헴의 이름이 맨 먼저 등장한다(삼하 23:14, 대하 11:6). H. G. Anderson, "Bethlehem, Bethlehemite," in *The Zondervan Pictorial Encyclopedia of the Bible*, Vol. 1 (Grand Rapids, MI: Zondervan Publishing House, 1980), 538.

에서 예루살렘을 거쳐 여리고로 그리고 요단강을 건너 르우벤 지파의 땅에 들어서서 남쪽으로 직선거리로 약 24마일(40km)를 내려가야 모압의 국경선을 도달할 수 있어서 적어도 48마일(80km) 이상을 걸어야 하는 길이었다. 베들레헴에서 모압으로 직선으로 갈 수는 없었다. 사해가 가로막고 있기 때문이다.[18]

이 먼 거리를 걸어가면서 엘리멜렉은 속으로 어떤 생각을 했을까? 나오미는 어떤 마음이었을까? 그들은 가면서 무슨 이야기를 나누었을까? 긍정적인 미래 이야기를 나누었을까? 아니면 여전히 마음을 괴롭히는 죄책감과 씨름하고 있었을까? 당신이 그 길에서 엘리멜렉이나 나오미였다면 어떤 생각을 했을 것 같은가?

엘리멜렉과 나오미가 선택한 길은 살기 위한 길이었다. 그러나 그 길은 죽음으로 가는 길이었다. 살려고 갔던 모압은 엘리멜렉과 두 아들 말론과 기룐의 매장지가 되고 만다. 슬픈 현실이다. 역설이자 모순이다.

육신의 떡이 고갈되어가면 위협감을 느끼는 것은 자연스럽고 당연하다. 은행계좌의 잔고가 바닥이 나면 위협감을 느끼는

---

18) 에반스는 베들레헴에서 엘리멜렉이 정착한 모압까지의 정확한 거리를 추정하기는 어렵지만 대략 50마일에서 100마일(80 km에서 160km) 정도가 되었을 것이라고 본다. Mary J. Evans, *Judges and Ruth*, Tyndale Old Testament Commentaries (IVP Academic, 2017), 219.

것이 정상이다. 하지만 예수님의 말씀처럼 사람은 떡으로만 사는 존재가 아니라 하나님의 입에서 나오는 말씀에 순종해야 살 수 있는 존재임을 잊지 말아야 한다. 생사화복이 하나님께 달려 있음을 전심으로 신뢰해야 죽을 것 같은 상황에서도 살아날 수 있다.

베들레헴에 찾아온 흉년은 베들레헴 사람들과 엘리멜렉과 나오미의 가족 모두에게 하나님의 떡, 즉 과거 그들의 조상들이 먹을 것이 전혀 없는 광야에서 체험했던 하늘에서 내린 떡 만나를 추구하며 간구할 수 있는 기회였다. 생명의 양식인 하나님의 말씀을 기억하고 하나님께로 돌아갈 수 있는 기회였다.

그러나 엘리멜렉과 나오미는 위기 상황에서 위험한 것만 인식한다. 기회가 배경에 있음을 보지 못한다. 그들은 40일 금식 기도하신 예수님께 돌로 떡을 만들어 먹으라고 유혹하는 마귀의 음성과 같은 인본주의적이며 세속적인 관점에서 흉년 상황을 해석하고 행동한다.

룻기 저자는 나오미를 남편의 결정에 순응하며 동조하는 모습으로 서술한다. 그러나 그녀도 자신의 선택에 책임을 져야 했다.[19] 그녀는 자신이 죽지는 않았지만 죽음보다 더 고통스러운

---

19) 라우는 1장 21절에서 나오미가 동네 사람들에게 "우리가 나갔다"(We went away)라고 표현하지 않고 "내가 나갔다"(I went away)라고 표현한 것을 주

경험을 한다.

죽음은 일시적 과정이다. 그러나 사별 트라우마는 남은 자에게 평생 고통을 가져다준다. 홈즈 - 래히 스트레스 검사지(Holmes-Rahe Stress Inventory)는 서양인들의 경우 배우자의 죽음을 최대치 100으로 기준 삼을 때 다른 스트레스들을 그보다 낮은 점수로 추정하여 점수를 부과한 검사지이다.[20] 인생 여정에서 최대의 스트레스 경험을 배우자가 죽는 경우에 적용하기 때문이다.

남편에게 매우 의존적일 수 밖에 없는 구약 당시의 사회문화적 환경을 고려할 때 나오미에게 있어서 남편의 죽음은 견디기 힘든 스트레스 경험이자 상실이었을 것이다. 더구나 주변에 다

목하면서 그녀가 모압으로 떠난 행동에 대한 일부 책임을 인식하는 것으로 보인다고 잘 주석한다. Lau, *Ruth*, 117.

[20] 누적된 점수가 150점에서 300점 미만이면 2년 내에 건강상의 문제가 생길 가능성이 50퍼센트이며 300점 이상이면 그 가능성이 80퍼센트가 될 수 있다고 본다. 필자가 나오미의 입장에서 검사를 해보니 배우자의 죽음 100, 가까운 가족의 죽음 63×2, 새로운 가족 추가 39×2, 경제적 변화 38, 삶의 변화 25, 거주지 변화 20, 신앙생활 변화 19, 사회활동 변화 18, 같이 사는 가족 숫자의 변화 15로 누적 점수는 439점으로 나왔다. 가까운 가족의 죽음과 새로운 가족 추가를 한번으로만 계산하면 337점이다. 검사지의 최대점수는 430점이다. 나오미가 겪은 스트레스는 적어도 300점이 넘으며 건강상의 위기가 2년 안에 올 확률이 80퍼센트가 넘는 상황에서 베들레헴으로 귀환한 것이다. 만약 나오미가 모압에 계속 머물렀다면 나오미도 건강상의 문제로 수명보다 더 일찍 죽었을 가능성이 높다고 볼 수 있겠다.

른 친척들이 없고 지지 시스템도 없는 타국에서 남편을 사별하는 것은 형언하기 힘든 고통이었을 것이다.[21] 더 나아가 홈즈-래히 스트레스검사지에서 구체적으로 언급되지는 않지만 자녀의 죽음은 배우자의 죽음보다 더 오랫동안, 그리고 더 크게 스트레스를 겪게 한다.[22] 연이은 두 아들의 죽음은 나오미의 내면 세계에 심각한 트라우마로 남았을 것이다. 엄마는 뱃속에서 아기를 열 달 동안 품다가 산통을 견뎌내며 출산하기 때문에 자녀를 잃을 때 겪는 슬픔은 일반적으로 아빠가 겪는 슬픔과 비교할 수 없을 정도로 크고 오래 간다. 자식은 평생 가슴에 묻는다는 말이 맞다.[23] 그렇다면 누적된 상실감으로 인해 나오미는 감당하기 힘들 정도로 고통을 겪었을 것이다. 어쩌면 나오미가 겪은 고통의 수준은 바울이 경험한 고통의 수준과 맞먹는 것이었

---

21) 라우는 나오미가 과부가 된 것은 당시의 사회문화적 환경에서 극빈자의 위치로 전락하는 것이며 수치를 겪는 일이라는 것을 사 4:1과 54:4과 연결지어 잘 설명한다. Lau, *Ruth*, 75. "그 날에 일곱 여자가 한 남자를 붙잡고 말하기를 우리가 우리 떡을 먹으며 우리 옷을 입으리니 다만 당신의 이름으로 우리를 부르게 하여 우리가 수치를 면하게 하라 하리라." "두려워하지 말라 네가 수치를 당하지 아니하리라 놀라지 말라 네가 부끄러움을 당하지 아니하리라 네가 네 젊었을 때의 수치를 잊겠고 과부 때의 치욕을 다시 기억함이 없으리니."
22) 이 검사지에서는 자녀의 죽음이라는 항목은 없고 대신 '가까운 가족의 죽음'이라는 스트레스 항목이 있는데 배우자의 죽음보다 훨씬 낮은 점수인 63점이 배정되어 있다.
23) 애착의 강도가 클수록 상실의 아픔이 더 크며 오래간다. 그러나 사람들은 각자의 방식대로 슬퍼한다.

심리학으로 읽는 룻기

을 것이다. "형제들아 우리가 아시아에서 당한 환난을 너희가 모르기를 원하지 아니하노니 힘에 겹도록 심한 고난을 당하여 살 소망까지 끊어지고 우리는 우리 자신이 사형 선고를 받은 줄 알았으니"(고후 1:8-9).[24]

나오미의 최고 수준의 스트레스 경험은 이어진다. 설상가상 두 아들 모두 짧은 기간 안에 죽는다. 그것도 결혼한 지 얼마 되지 않았을 시점에 말이다. 며느리 룻이나 오르바에게 유복자 마저 없었다는 사실은 둘 다 결혼한 지 채 몇 달 안되어 사망했을 가능성이 높음을 시사한다.[25] 하나님이 두 며느리의 태를 닫으셨다면, 결혼 기간이 몇 년 되었을 수도 있다.

---

24) 바울이 겪은 고통은 한시적이었지만 나오미가 겪은 고통은 한시적으로 끝나는 것이 아니었다는 점에서 차이가 있다.

25) 라우와 영거는 두 아들의 결혼생활이 십년이나 지속된 것처럼 주석하는데 문맥을 볼 때 나오미가 베들레헴으로 돌아오는 시점까지 체류 기간이 십년으로 보인다는 점에서 그들의 추론은 맞지 않는 것 같다. Lau, *Ruth*, 98; Younger, *Judges, Ruth*, 522,528. 4-5절에서 "그들이 거기에 거주한 지 십년 쯤에 말론과 기룐 두 사람이 다 죽고 그 여인과 두 아들과 남편의 뒤에 남았더라"에서 '그들'을 말론과 기룐과 그들의 아내 그리고 나오미를 지칭하는 것으로 본다면 10년의 결혼 생활 후에 말론과 기룐이 죽었다고 해석하는 것이 맞다. 3절과 연결지어서 '그들'을 이해하면 그들의 해석이 맞다. 그러나 '그들'이 엘리멜렉의 원 가족을 지칭하는 것으로 본다면 결혼생활을 10년으로 본 것은 잘못된 해석이 될 것이다. 1-5절의 전체 문맥 속에서 볼 때에는 두 아들의 결혼 생활은 짧았을 것으로 추론할 수 있다. 라우는 엘리멜렉의 가족이 모압에서 보낸 10년의 세월과 4장 마지막에 유다의 아들 베레스로부터 시작해서 다윗에 이르는 10세대와 문학적인 기법상 연결짓기가 된다고 흥미롭게 주석한다. Lau, *Ruth*, 3-4.

엘리멜렉의 가정에 찾아온 흉년과 죽음과 불임은 하나님의 주권적인 섭리와 연결된 것으로 볼 수 있다. 룻기 기자는 명시적으로 원인을 언급하지 않지만 말이다. 나오미는 남편과 두 아들을 십 년 이민 생활 중에 모두 잃는 극도의 스트레스를 겪어야 했다.[26]

베들레헴에서 태어나 성장기를 보냈던 두 아들은 청년기에 모압 땅에서 생명력을 잃는다. 마치 잘 자라던 나무가 옮겨 심은 이후로 점점 시들해지며 죽는 것처럼 말이다. 그들이 병에 걸려 죽었는지 아니면 심장마비로 급사했는지는 알 수 없다. 둘 다 결혼을 한 것을 미루어본다면 결혼할 때까지는 건강했을 것이다. 그들의 이름이 상징하듯이 그들의 성장기에 몸이 약했을 가능성은 배제할 수 없지만 말이다. 중년기나 노년기의 나이였을 엘리멜렉이 여러 요인으로 죽는 것은 이해하기 어렵지 않다. 그러나 결혼한지 얼마 안된 젊은 두 청년이 연이어 짧은 기간 내에 죽었다는 사실은 특이한 경우가 아닐 수 없다. 본문에서는 언급되지 않지만 나오미가 주관적으로 느낀 것처럼 여호와의 손이 나오미를 치셨기 때문이었을까? 아니면 우연히 그렇게 된

---

26) 퍼거슨은 나오미가 경험했던 잔인할 정도의 슬픔의 정도는 마치 하나님이 칼을 나오미의 심장에 꽂아 칼을 뒤틀며 더 깊이 찔러넣는 것과 같은 것이었을 것이라고 감수성 있게 주석한다. Ferguson, *Faithful God*, 26.

것일까? 확실한 대답은 신앙인의 삶에 '우연한' 일은 없다는 것이다. 하지만 두 아들의 죽음이 하나님의 징계였다고 단언적으로 주장할 수는 없다.[27] 설령 징계였다고 할지라도 어떤 환경에서도 믿는 자들에게 유익하게 빚어가시는 하나님의 뜻과 섭리가 그들의 죽음에 있었다고 말하는 것은 성경적이다. 룻기기자는 하나님의 징계 가능성에 대해서 암시하지만 명시적으로 지적하지는 않는다.[28]

---

27) 영거는 엘리멜렉의 모압 이민 결정과 나오미의 두 아들이 모압 여인들과 결혼한 결정은 하나님의 계시된 뜻과 정반대였고 그들의 죽음은 그들의 잘못된 결정과 관련이 있다고 본다. Younger, *Judges, Ruth*, 544. 필자는 단언적으로 그렇게 보는 것은 무리가 있다고 본다. 룻기의 저자가 암시는 하지만 명시적으로 말하지 않기 때문이다. 성경이 명시적으로 말하지 않는 것에 대해서 단언하는 것은 바람직하지 않은 해석이라고 본다. 영거는 나오미의 고난을 현대적인 삶에 적용하는 부분에서 고난이 신자의 삶에 있어서 죄의 결과가 아닌 경우가 있음을 지적한다. Younger, *Judges, Ruth*, 545. 퍼거슨은 나오미의 경우에 대해서 그녀가 겪은 경험과 같은 고통을 겪어보지 않고서 그녀가 약속의 땅을 떠났기 때문에 그와 같은 벌을 받는 것이 당연하다는 식으로 단순하게 설명하는 것은 바람직하지 않을 뿐더러 하나님의 섭리를 단순화시키는 우를 범한다고 잘 지적한다. Ferguson, *Faithful God*, 27.

28) 라우는 남편에 죽음에 뒤이은 두 아들의 죽음이 그냥 불행한 일의 연속이라고 보기에는 질문이 제기된다고 언급한다. 룻기는 신명기와 밀접한 관계가 있기 때문에 그는 일련의 죽음이 하나님의 징계였을 것이라는 쪽에 더 비중을 둔다. 그러나 구약 전체의 맥락과 이 일련의 죽음을 연결짓기한다면 (특히 욥기와 잠언 그리고 전도서의 맥락에서) 권선징악이라는 기계적인 인과관계로 보기는 어렵다는 사실을 인정한다. 더 나아가 그는 예수님이 실로암 망대가 무너진 사건에 대해서 해석하신 것과 나면서부터 시각장애인으로 태어난 사람에 대해서 개인의 죄나 부모의 죄가 아니라 하나님의 영광을 위해서 그렇게 태어난 것이라고 해석하신 사실을 지적한다. 이 패러다임을 통해 볼 때 모든 재난과 고통이

종종 나오미가 겪은 상실과 비슷한 위기가 하나님 앞에서 바르게 신앙생활 하려고 힘쓰는 가정에도 닥쳐온다. 욥의 예가 대표적이다. 욥의 세 친구들처럼 죄와 징계라는 단선론적인 인과관계(linear causation)로 삶을 해석하는 것은 삶의 복합성을 무시하는 해석이다. 고난과 고통이 죄의 결과인 경우가 있고 그렇지 않은 경우도 많다. 분명히 인과응보적인 경우가 있다. 그러나 그 원인을 아무리 찾으려고 해도 이해할 수 없는 신비의 영역에 속하는 경우가 많다. 따라서 위기를 겪는 신앙인을 쉽게 정죄하거나 판단하는 것은 비성경적일 뿐만 아니라 비인격적이다. 하나님은 '왜'라는 궁극적인 질문에 대한 답을 성경에서 계시하지 않으셨다. 유감스럽게도, '왜'라는 질문에 대해서 무모하리 만큼 자신 있게 답변하는 크리스천들이 있다. 설령 이유가 분명한 경우라고 할지라도 이미 아파하는 당사자의 상처에 소금을 뿌리는 말을 하는 것은 하나님의 뜻과는 거리가 멀다.

어떤 경우에도 우리가 잊지 말아야 할 사실은 하나님은 이 모든 상황에서도 선하신 분이라는 사실이다. 우리의 머리로 다 이해할 수 없는 상황이라고 할지라도 선하신 하나님을 신뢰하는 것은 우리의 몫이다.

하나님의 심판 때문에 기인한 것이라고 쉽게 단언해서는 곤란하다는 점을 덧붙여 잘 지적한다. Lau, *Ruth*, 76.

심리학으로 읽는 룻기

베들레헴에서의 흉년은 모압에서 죽음과 불임으로 이어진다. 두 아들은 결혼하지만 곧 죽는다. 유복자도 남기지 못하고 죽는다. 룻기 기자는 침묵하지만 구약에서 여러 번 언급된 것처럼 여호와께서 두 아내의 태를 닫으신 것으로 이해할 수 있다. 하나님의 주권적인 뜻이 불임에 개입된다.

정신분석학적으로 엘리멜렉 가정의 십년 생활을 설명한다면 그들은 흉년이라는 증상을 회피했다. 회피는 일시적으로 두려움과 고통의 경감을 제공했다. 하지만 장기적인 손실과 고통을 가져온 것이다.

모압 이민이 남편 엘리멜렉의 결정에 의한 것이었다면 나오미의 동조와 순응은 아나니아와 삽비라의 사건과 연결된다. 아나니아와 삽비라 둘 중에서 누가 주도적이고 누가 순응적이었는지 아니면 둘 다 주도적으로 공모했는지는 알 수 없다. 아담이 하와의 욕심에 순응한 것처럼 아나니아가 삽비라의 욕심에 순응했거나 아나니아의 욕심에 아내가 순응했을 수도 있다. 아무튼 그 둘은 서로 작별 인사도 하지 못한 채 베드로 앞에서 각각 죽는다.[29] 만약 엘리멜렉과 나오미가 둘 모두 아나니아와 삽

---

29) 아나니아와 삽비라 사건은 신약교회의 출범 과정에서 신약교회 공동체의 거룩성을 지키게끔 신자들에게 경고한 사건으로서 의미가 있다. 가나안에 입성한 이스라엘 공동체가 범죄한 아간과 그의 가족들을 돌로 쳐 죽였던 것과 같은 의미를 내포한 사건이었다. 누룩이 교회 공동체에 번지는 것을 막는 하나님의 강권적

비라처럼 모압에서 죽었다면 룻기는 기록되지 않았을 것이다. 나오미와 엘리멜렉이 죽고 두 아들 마저 죽은 상황에서 룻이 굳이 베들레헴에 갈 이유가 없기 때문이다. 베들레헴과 연결 고리 자체가 없어지기 때문이다.

하나님은 나오미의 경우 '남은 자'를 남겨두시는 은혜를 베푸신다. 밤나무와 상수리나무가 베임을 당하여도 그 그루터기가 남아 있는 것처럼 말이다(사 6:13 참조). 그루터기라도 살아남은 나무는 새로운 가지가 생기며 잎을 내며 꽃을 피울 수 있다. 마찬가지로 그루터기라도 남아 있는 개인이나 가정은 여전히 소망이 있다.

부부 중에서 한 사람이라도 기능적이며 지혜로우면 그 가정은 살아나며 회복될 가능성이 높다. 둘 다 믿음이 없거나 둘 다 역기능적인 상태에서 공생(symbiosis)적인 관계를 맺고 있으면 회복하기 어렵다. 악한 일에, 믿음의 길이 아닌 일에 부부가 한 몸이 되는 것은 치명적이다. 당신의 가정을 스스로 진단해보라. 한 사람이라도 기능적인 가족 구성원이 있는가? 있다면 여전히 희망이 있다. 혹시라도 모두가 역기능적인 상태에 머물러 있지

인 개입이자 후세 크리스천들에게 경고하는 예시적(例示的)개입이었다. 하나님이 우리의 삶에 아나니아와 삽비라처럼 개입하셨다면 우리는 이미 죽었을 것이다. 자비로운 하나님의 긍휼하심과 오래 참으심으로 인해 나와 당신이 아직도 이 땅에서 호흡하고 있음을 잊지 말자.

않은가? 그렇다면 당신이라도 자각하고 변화해야 희망이 있다.

존 번연(John Bunyan)의 신앙소설 〈저니 투 헬(지옥역정), *Journey to Hell*〉에 등장하는 주인공 배드맨(Bad Man)의 아내는 믿음이 좋은 여성이었다.[30] 그녀는 여러 번 남편에게 악한 삶에서 돌아설 것을 권면하지만 배드맨은 끝내 그녀의 권면을 듣지 않는다. 안타깝게도 그녀가 먼저 죽는다. 그녀는 자신의 자녀들에게 아버지를 존경하기는 하되 아버지의 길을 절대 따르지 말라고 유언하고 죽는다. 이처럼 한쪽 배우자가 신앙심이 강해도 다른 쪽 배우자가 선한 영향을 내면화 하지 않는 경우가 종종 있다. 안타깝지만 이런 배우자는 지옥으로 가기로 선택한 자이며 하나님으로부터 버림받은 자이다.

성경에서 비슷한 예를 찾는다면 '바보'라는 뜻의 이름을 가진 나발과 그의 아내 아비가일의 경우이다. 그녀는 지혜로우며 신앙심이 깊은 여인이었다. 그녀는 남편과 남편에게 속한 모든 남자들이 다윗과 그의 부하들에 의해 보복을 당할 위기에 처한 것을 들었을 때 남편과 대책을 의논하지 않는다. 그녀는 다윗과 그의 부하들을 위해 음식을 준비하고 직접 다윗을 찾아나선다. 그리고 격분한 다윗에게 이성적으로, 신앙적으로 논박하며 감

---

30) 존 번연, 〈저니 투 헬〉(지옥역정), 임금선 역 (예찬사, 2004).

정적으로 공감하여 살육을 막는 지혜를 발휘한다. 나발과 아비가일은 조합이 전혀 맞지 않는 특이한 부부였다. 아비가일은 나발과 함께 죽임을 당하지 않는다. 다윗의 살육도 막는다. 나발은 곧 하나님의 치심을 받아 몸이 돌처럼 굳어 죽는다. 그리고 아비가일은 다윗의 아내가 된다.

나발과 아비가일의 경우와 달리 바울은 부부 관계에서 한쪽 배우자가 신앙인일 경우에 다른 배우자가 변화의 가능성이 있음을 언급한다. "어떤 여자에게 믿지 아니하는 남편이 있어 아내와 함께 살기를 좋아하거든 그 남편을 버리지 말라 믿지 아니하는 남편이 아내로 말미암아 거룩하게 되고 믿지 아니하는 아내가 남편으로 말미암아 거룩하게 되나니"(고전 7:13-14). 그리고 그는 덧붙인다. "혹 믿지 아니하는 자가 갈리거든 갈리게 하라 형제나 자매나 이런 일에 구애될 것이 없느니라"(고전 7:15). 만약 엘리멜렉이 모압으로 가는 방안을 제안하고 결정하는데 주도적이었다면 나오미는 남편에게 신앙적으로 강하게 직면해야 했다. 물론 앞에서 언급한 배드맨의 경우처럼 강하게 직면해도 듣지 않는 경우가 있지만 말이다. 솔로몬도 이런 자들이 있음을 잘 지적한다. "거만한 자를 징계하는 자는 도리어 능욕을 받고 악인을 책망하는 자는 도리어 흠이 잡히느니라"(잠 9:7).

한 명의 파수꾼이라도 깨어 있어서 경고의 나팔을 분다면 그 가정이나 사회나 국가는 회복될 가능성이 있다. 물론 나팔을 부는 사람은 자주 핍박과 고난을 겪는 희생을 치른다. 북이스라엘 왕국과 남유다 왕국에서 경고의 나팔을 불었던 많은 선지자들이 핍박을 받고 죽었던 것처럼 말이다. 안타깝게도 엘리멜렉의 가정 식구들 중에서는 깨어 있는 파수꾼이 없었다.

베들레헴과의 작별

엘리멜렉과 나오미 그리고 장성한 두 아들은 고향 베들레헴의 삶을 정리하고 마침내 모압으로 떠난다. 떠나는 날 베들레헴 사람들과 작별 인사하는 과정에서 그들은 눈물을 많이 쏟았으리라.

엘리멜렉의 가족들은 모압 행 이민을 '선택'했기 때문에 의식적으로는 크게 슬퍼하지 않았을 수도 있다. 설령 그랬더라도 무의식적으로는 애도 과정을 겪었을 것이다. 특히 이스라엘 백성들이 지키던 유월절(무교절), 맥추절(오순절), 수장절(초막절)과 같은 명절을 보내면서 타국에서 그들은 외롭고 슬펐을 것이다.

정들었던 고향사람들, 친척들, 고향 산천을 뒤로 하고 한번도

가보지 못한 미지의 나라에 간다는 것은 모험이자 스트레스가 아닐 수 없다. 언어와 문화와 음식, 그리고 무엇보다도 신앙이 다른 모압에서 엘리멜렉과 그의 가족은 이방인이자 소수자였다. 특히 신앙적으로 완전히 이방인이었다. 99. 9퍼센트의 사람들이 이방신을 섬기며 우상 숭배하는 나라에서 살아간다는 것은 여호와의 백성으로서는 매우 외로울 수 밖에 없었다.

베들레헴을 떠날 때 엘리멜렉과 말론과 기론은 그들이 다시 고향 땅을 밟지 못하고 이국 땅에 묻힐 것이라고는 상상하지 못했을 것이다.[31] 사람은 한 치 앞을 내다보지 못하는 것이 인생이다. 솔로몬도 이 사실을 잘 지적한다. "형통한 날에는 기뻐하고 곤고한 날에는 되돌아 보아라 이 두 가지를 하나님이 병행하게 하사 사람이 그의 장래 일을 능히 헤아려 알지 못하게 하셨느니라"(전 7:14). 엘리멜렉과 그의 가족은 곤고한 날이 찾아 왔을 때 곤고한 날도 하나님이 주관하시며 허락하신 것임을 깊이 생각하지 못한다. 그들은 모압을 향해 희망을 품고 떠난

---

31) 야고보의 지적은 엘리멜렉의 가정에도 잘 적용된다. "들으라 너희 중에 말하기를 오늘이나 내일이나 우리가 어떤 도시에 가서 거기서 일 년을 머물며 장사하여 이익을 보리라 하는 자들아 내일 일을 너희가 알지 못하는도다 너희 생명이 무엇이냐 너희는 잠깐 보이다가 없어지는 안개니라 너희가 도리어 말하기를 주의 뜻이면 우리가 살기도 하고 이것이나 저것을 하리라 할 것이거늘 이제도 너희가 허탄한 자랑을 하니 그러한 자랑은 다 악한 것이라 그러므로 사람이 선을 행할 줄 알고도 행하지 아니하면 죄니라"(약 4:13-17).

다. 그러나 그들 중에서 나오미를 제외한 모든 남자 식구는 그 땅에서 죽는다.

모압 정착과 비전 상실

엘리멜렉과 나오미는 잠시 머무르려고 했던 모압에 마침 내 정착한다. 특히 남편의 죽음 이후에 나오미가 두 아들들 모 두 모압 여인들과 결혼하도록 허용한 것에서 그녀의 정착 의지 를 엿볼 수 있다. 만약 그녀가 베들레헴으로 돌아갈 생각을 계 속 하고 있었다면 두 아들을 모압 여인들과 결혼시키지는 않았 을 것이다.[32] 모압 사람들은 여호와의 총회에 영원히 들어오지 못하리라는 명시적인 율법을 나오미도 알고 있었기 때문이다. "사생자는 여호와의 총회에 들어오지 못하리니 십 대에 이르

---

32) 라우도 단기적인 체류 계획에서 영주하는 계획으로 바뀌었음을 지적한다. 엘리 멜렉과 그의 두 아들이 죽지 않았다면 그들은 모압에서 더 오래 살았을 것이라 고 말한다. 그리고 모압에 영주하려고 했다는 사실은 그들이 모압의 삶에 어느 정도 '동화'(assimilation) 되었을지에 대한 질문이 제기될 수 있다고 주석한 다. 그들이 모압의 신도 섬기고 여호와도 섬기는 종교혼합적인 삶을 살았을 가 능성도 배제하지 않는다. 엘리멜렉이 죽었을 때 나오미가 두 아들의 결혼 문제 를 두고서라도 베들레헴에 좀더 일찍 귀환했어야 하지 않았을까 라는 질문도 던진다. Lau, *Ruth*, 73-74.

기까지도 여호와의 총회에 들어오지 못하리라 암몬 사람과 모압 사람은 여호와의 총회에 들어오지 못하리니 그들에게 속한 자는 십 대뿐 아니라 영원히 여호와의 총회에 들어오지 못하리라"(신23:2-3).[33] 나오미가 모압 여인을 며느리로 맞아들였다는 것은 베들레헴으로의 귀향을 포기했음을 의미한다.[34] 모압 여인과 결혼해서 낳은 아이들을 이스라엘 공동체가 수용할 가능성은 매우 낮기 때문이다. 에스라와 느헤미야 시대에 귀환한 이스라엘 백성이 내린 결단을 미루어볼 때[35] 나오미가 모압 여인

---

33) NIV 성경에서는 영원히 들어오지 못한다는 내용이 빠져 있고 사생자나 그의 자녀들과 마찬가지로 십 대까지 이스라엘 회중에 들어올 수 없다고 번역되어 있다.

34) 라우는 4절에서 "그들은 모압 여자 중에서 그들의 아내를 맞이하였는데"라는 표현에서 히브리어 동사 '나사'(nasa)가 부정적인 뉘앙스를 담고 있음을 지적한다. 그는 4장 13절에서 "이에 보아스가 룻을 맞이하여 아내로 삼고"에서는 '나사'가 아닌 '라카'(laqah)라는 동사를 씀으로써 구약에서 일반적으로 결혼을 의미할 때 사용한 단어를 룻기 저자가 구별하여 쓰고 있음을 언급한다. '나사'라는 동사는 사사기 마지막 부분에서 거의 멸족당할 뻔 했던 베냐민 지파 사람들 몇 명이 실로에서 춤을 추는 여인들을 납치해서 결혼했을 때 사용되었으며 에스라서와 느헤미야서에서 다른 민족과 결혼해서 살고 있는 자들이 결혼한 상태를 언급하면서 부정적으로 사용되었다고 지적한다. Lau, Ruth, 72. 이 사실을 고려하면 룻기 저자는 이 동사를 의도적으로 사용함으로써 말론과 기론이 모압 여인 룻과 오르바와 결혼한 것이 바람직하지 않은 것이었음을 시사한다고 볼 수 있다.

35) 바벨론 포로 생활에서 귀환한 이스라엘 백성들은 하나님 앞에서 공동체를 거룩하게 하는 과정을 거친다. 이때 모압인을 포함하는 이방 여인들과 결혼한 자들을 일일이 조사한다. 그리고 관련된 사람들은 그들의 아내와 아이들을 공동체에서 내보내기로 결단하고 시행한다. "내 주의 교훈을 따르며 우리 하나님의 명

둘을 며느리로 삼은 행동은 율법에 순종하지 않는 죄악이었음을 알 수 있다.[36] 모압에 정착한 행동은 나오미와 그의 두 아들이 신앙적 비전을 상실했음을 의미한다. 돌아가야 할 고향 베들레헴에 대한 갈급함이 사라진 것이다.

나오미와 두 아들이 모압에 정착한 것과 베들레헴으로의 귀향을 포기한 모습은 땅의 삶에 애착한 나머지 신앙인의 고향인 하나님 나라에 대한 비전을 상실한 채 살아가는 적지 않은 신앙인들의 모습과 연결된다. 나그네로서의 정체성을 상실한 신앙인은 이 땅의 삶에 주목할 수 밖에 없다.

령을 떨며 준행하는 자의 가르침을 따라 이 모든 아내와 그들의 소생을 다 내보내기로 우리 하나님과 언약을 세우고 율법대로 행할 것이라"(스 10:3). "제사장 에스라가 일어나 그들에게 이르되 너희가 범죄하여 이방 여자를 아내로 삼아 이스라엘의 죄를 더하게 하였으니 이제 너희 조상들의 하나님 앞에서 죄를 자복하고 그의 뜻대로 행하여 그 지방 사람들과 이방 여인을 끊어 버리라 하니 모든 회중이 큰 소리로 대답하여 이르되 당신의 말씀대로 우리가 마땅히 행할 것이니이다."(스 10:10-11). "그 때에 내가 또 본 즉 유다 사람이 아스돗과 암몬과 모압 여인을 맞아 아내로 삼았는데 그들의 자녀가 아스돗 방언을 절반 쯤은 하여도 유다 방언은 못하니 그 하는 말이 각 족속의 방언이므로 내가 그들을 책망하고 저주하며 그들 중 몇 사람을 때리고 그들의 머리털을 뽑고 이르되 너희는 너희 딸들을 그들의 아들들에게 주지 말고 너희 아들들이나 너희를 위하여 그들의 딸을 데려오지 아니하겠다고 하나님을 가리켜 맹세하라 하고" (느 13:23-25). "너희가 이방 여인을 아내로 맞아 이 모든 큰 악을 행하여 우리 하나님께 범죄하는 것을 우리가 어찌 용납하겠느냐"(느 13:27).

36) 엘리멜렉과 두 아들의 죽음이 율법에 대한 불순종의 결과라고 해석한다면 엘리멜렉의 죽음은 흉년을 피해 율법이 금지한 땅으로 이주한 것에 대한 징계라고 볼 수 있다. 그리고 두 아들의 죽음은 엘리멜렉의 죽음 후에 나오미가 두 아들을 모압 여인과 결혼시킨 것에 대한 불순종에 대한 징계로 해석할 수 있다.

나오미와 두 아들의 모습은 롯과 그의 가족의 모습과 연결된다. 롯과 그의 아내는 소돔에 뿌리를 깊이 내린 나머지 아브라함의 집으로 돌아가는 것을 포기한다. 결국 그들은 빈손으로 소돔을 탈출하지만 롯의 아내는 소금 기둥이 되고 만다. 모압에서 죽은 엘리멜렉과 두 아들, 그리고 소금 기둥으로 변한 롯의 아내와 트라우마를 극복하지 못한 채 안전한 동굴에서 사는 것으로 삶을 마무리한 롯은 오늘을 살아가는 나와 당신에게 좋은 반면교사이다.

만약 엘리멜렉과 두 아들이 죽지 않았다면 룻기가 성경으로 기록되는 일은 없었으리라. 그들이 모압에서 자연사 했더라면 룻과 보아스의 만남도 없었을 것이다. 따라서 다윗도 이스라엘 역사에 등장하는 일은 없었을 것이다. 죄를 지어도 별 문제 없이 모압에서 나름 행복하게 살다가 죽은 평범한 이야기가 되고 말았으리라. 역설적이지만 그들이 죽고 나오미가 고통을 겪음으로써 그들의 삶의 이야기는 오늘까지 의미 있는 내러티브가 되고 있다. 수많은 성도들에게 교훈과 도전을 주는 이야기로 살아 있다. 특히 엘리멜렉과 말론과 기룐은 룻기에서 그 어떤 말도 하지 않지만 그들은 침묵으로 나와 당신에게 말하고 있다. 하나님은 엘리멜렉의 가정의 죽음과 고난과 슬픔조차 빚으셔서 아름다운 테피스트리를 직조하셨다. 마찬가지로 하나님은

심리학으로 읽는 룻기

희노애락이 점철되는 나와 당신의 삶에서 아름다운 테피스트리를 직조하고 계신다.

나오미의 상실과 애도

나오미는 두 아들이 살아 있는 동안 두 며느리에게 좋은 대상(good object)이었을 것이다. 두 며느리 모두 베들레헴 행 귀향 길에 동행하기로 결단한 것에서 이 사실을 어렵지 않게 추론할 수 있다. 그러나 남편을 잃고 두 아들을 잃은 후 나오미는 두 며느리들이 겪는 슬픔을 충분히 공감하며 다독일 수 있는 마음의 여유가 없었다. 자신의 이름을 '마라'(mara, bitter)라고 부르라고 베들레헴 사람들에게 대답하는 그녀의 모습을 보면 그녀는 모압에서부터 이미 '마라'의 상태였다. 그녀는 여전히 우울과 좌절에 빠져 있었다.

귀향 당시 나오미는 폐경기(갱년기)에 해당하거나 폐경기를 지난 나이였을 것이다. "내 태중에 너희의 남편 될 아들들이 아직 있느냐?"(11절). 죽기 전의 두 아들이 갓 결혼한 나이였다면 나오미는 50대 초반이나 50대 중반의 나이 정도 되었으리라. 그렇다면 그녀에게는 중요한 가족 구성원을 잃은 것에서 오는 반응성 우울증이 누적되어 있었을 뿐 아니라 폐경기가 수반하는 우울증도 복합적으로 작용하였을 것이다. 그녀는 남편과 두 아들을 따라 죽고 싶었을 수 있다. 자살의 충동을 경험했으리라. 감정의 기복도 겪었으리라.

이런 상태의 나오미와 여러 해 동안 함께 살면 룻조차 함께 우울해질 수 있었다. "울분한 자와 동행하지 말지니"(잠 22:24)라는 잠언은 상담 과정에서 내담자들을 이해하는데 매우 유익한 잠언이다. 우울하거나 화가 난 사람과 같이 살거나 길을 걷게 되면 전염되기 마련이다. 역기능적인 부모 밑에서 성장기를 보내면 닮지 않으려고 애를 써도 무의식적으로 닮는다. 놀랍게도 룻은 나오미의 우울과 슬픔을 공감하지만 그녀의 우울과 슬픔을 닮지 않는다. 나오미의 악영향을 걸러낼 수 있는 심리적인 힘과 신앙적인 힘을 충분히 갖고 있었기 때문이다.

모압과 베들레헴 사이에서의
갈림길과 결단(1:6-18)

 제2장

모압과 베들레헴 사이에서의
갈림길과 결단
(1:6-18)

6   그 여인이 모압 지방에서 여호와께서 자기 백성을 돌보시사 그들에게 양
    식을 주셨다 함을 듣고 이에 두 며느리와 함께 일어나 모압 지방에서 돌
    아오려 하여

7   있던 곳에서 나오고 두 며느리도 그와 함께 하여 유다 땅으로 돌아오려고
    길을 가다가

8   나오미가 두 며느리에게 이르되 너희는 각기 너희 어머니의 집으로 돌아
    가라 너희가 죽은 자들과 나를 선대한 것 같이 여호와께서 너희를 선대하
    시기를 원하며

9   여호와께서 너희에게 허락하사 각기 남편의 집에서 위로를 받게 하시기
    를 원하노라 하고 그들에게 입맞추매 그들이 소리를 높여 울며

10 나오미에게 이르되 아니니이다 우리는 어머니와 함께 어머니의 백성에
    게로 돌아가겠나이다 하는지라

11 나오미가 이르되 내 딸들아 돌아가라 너희가 어찌 나와 함께 가려느냐 내
    태중에 너희의 남편 될 아들들이 아직 있느냐

12 내 딸들아 되돌아 가라 나는 늙었으니 남편을 두지 못할지라 가령 내가 소망

이 있다고 말한다든지 오늘 밤에 남편을 두어 아들들을 낳는다 하더라도

13 너희가 어찌 그들이 자라기를 기다리겠으며 어찌 남편 없이 지내겠다고
결심하겠느냐 내 딸들아 그렇지 아니하니라 여호와의 손이 나를 치셨으
므로 나는 너희로 말미암아 더욱 마음이 아프도다 하매

14 그들이 소리를 높여 다시 울더니 오르바는 그의 시어머니에게 입 맞추되
룻은 그를 붙좇았더라

15 나오미가 또 이르되 보라 네 동서는 그의 백성과 그의 신들에게로 돌아가
나니 너도 너의 동서를 따라 돌아가라 하니

16 룻이 이르되 내게 어머니를 떠나며 어머니를 따르지 말고 돌아가라 강권
하지 마옵소서 어머니께서 가시는 곳에 나도 가고 어머니께서 머무시는
곳에서 나도 머물겠나이다 어머니의 백성이 나의 백성이 되고 어머니의
하나님이 나의 하나님이 되시리니

17 어머니께서 죽으시는 곳에서 나도 죽어 거기 묻힐 것이라 만일 내가 죽
는 일 외에 어머니를 떠나면 여호와께서 내게 벌을 내리시고 더 내리시기
를 원하나이다 하는지라

18 나오미가 룻이 자기와 함께 가기로 굳게 결심함을 보고 그에게 말하기를
그치니라

풍년 소식

하나님이 다시 은혜를 베푸셔서 이스라엘 백성들에게 양식
을 주셨다는 소식은 나오미에게 복음의 소식이었다. 아마도 10

년 만에 들은 소식은 아니었으리라. 그러나 모압 생활에 적응이 되어 하나님이 다시 양식을 주셨다는 소식을 들었음에도 불구하고 귀향하려는 생각을 하지 못했을 수도 있다. 그러나 남편이 죽고 두 아들마저 죽자 그녀는 드디어 귀향 여부에 대하여 진지하게 고민하며 갈등한다.

울타리가 걷혀진 과부로서 혼자 살아남아 고향 베들레헴으로 돌아간다는 것은 수치스러운 일이었다. 모압인 두 며느리를 데리고 가는 부분에 대해서도 갈등했을 것이다."동네 사람들은 뭐라고 반응할까? 친족들은 어떻게 반응할까? 특히 동네 여인들의 뒷담화를 견뎌낼 수 있을까?"동네 여인들은 이렇게 수군거리겠지!"남편과 아들들이 얼마나 고생이 되었으면 죽었을까? 하나님이 세 남자들을 벌하신 것일게야! 어떻게 자기만 살겠다고 돌아왔지? 벼룩도 낯짝이 있지! 모압 여자와 어떻게 두 아들들 모두 결혼시킬 수 있어? 모압인 며느리를 무슨 배짱으로 이스라엘 공동체에 데리고 들어올 수 있어? 두 아들은 무슨 병으로 죽었을까?"이런 소리가 나오미의 마음에서 맴돌았을 것이다. 마음씨 좋지 않은 동네 사람들은 "남편과 자식 잡아먹은 여인"이라고 비난할 수도 있었다. 베들레헴 사람들이라고 다 좋은 사람들일 수는 없지 않은가? 다 심리적으로나 영적으로 성숙한 사람들일 수는 없지 않겠는가? 룻기 4장 전반부에 등장하는 아무개가 친족이면서도 막상 자기가 손해 보는 경우에는 뒤로 발을 빼는 것처럼 말이다. 이런 질문들이 꼬리에 꼬리를 물고 그녀의 마음을 괴롭혔으리라.

하지만 나오미는 내면에서 들려오는 수많은 소리들을 잠재우고 마침내 베들레헴으로 발걸음을 내딛는다. 그녀는 자신의 이름을 '마라'라고 부르라고 할 만큼 쓰디쓴 삶에 주저앉아 신세를 한탄하지 않는다. 그녀는 '회복탄력성'(resilience)을 가진 신앙의 여성이었다. 그녀는 수치를 무릅쓰고 '일어나' 고향을 향해 발걸음을 옮긴다. 비록 갈등은 했겠지만 나오미는 떠날 때와는 달리 불안과 두려움을 회피하지 않고 직면한다. 흉년을 회피해서 모압으로 피신했던 이전의 삶의 태도와 달라진 모습을 보인다. '빈손' 상황과 고난 경험을 통해 그녀는 현실에 안주하는 쉬운 삶 대신에 모험하는 삶을 선택한다.

나오미는 10년의 세월을 보낸 모압의 생활을 정리한다. 잠시 흉년을 피해 지내다가 곧 돌아갈 것이라고 예상 했던 세월이 10년이나 흘러간 것이다. 남편과 아들 둘과 곧 베들레헴에 돌아갈 것이라고 예상했던 나오미의 미래 이야기(future narrative)는 전혀 예상하지 못한 이야기로 전개된 것이다. 그녀는 이제 과부의 모습으로, 그것도 두 아들마저 잃은 여인의 모습으로 고향으로 돌아간다.

10년이면 강산도 변한다고 하는데 나오미의 삶은 완전히 변한다. 그녀의 마음의 풍경은 완전히 바뀐다. 그녀의 마음은 슬픔과 우울과 분노와 수치, 죄책감으로 얼룩져 있다. 그럼에도 불구하고 그녀는 현재 자리에 주저앉지 않는다. 하나님이 은혜를 베푸셔서 고국에 양식을 주셨다는 소식을 들었을 때 적극적으로 결단한다. 어느 정도 적응한 모습에서의 이민자의 삶을 정리하고 역이민을 선택한다. 이민자로서 적응하면서 남편과 겪었던 기억들,두 아들과의 수많은 기억들을 가슴에 담고 베들레헴을 향해 길을 떠난다. 그녀의 귀향에는 귀소 본능의 욕구도 있었으리라.

나오미에게 고향 소식을 전해 준 '누군가'(someone)가 있었다.[1] 하나님은 그 누군가를 통하여, 그녀를 새로운 변화의 삶으로 초대한다. 바울 사도는 복음을 전하는 자의 중요성을 잘 지적한다. "듣지도 못한 이를 어찌 믿으리요 전파하는 자가 없이 어찌 들으리요 보내심을 받지 아니하였으면 어찌 전파하리

---

[1] 만약 나오미가 고향 소식과 완전히 차단된 채 살고 있었다면, 롯처럼 동굴에서 사는 자폐적인 삶을 살고 있었다면 베들레헴의 좋은 소식을 접하지 못했을 것이다. 정신적인 건강을 위해서, 영적인 변화와 성장을 위해서도 외부 세계와 소통하며 교류하는 삶은 매우 중요하다. 신앙인들 중에 세상과 단절하고 수도원적인 삶을 지향하는 이들이 있는데 부분적인 가치는 있지만 성경이 말하는 신앙인의 삶의 모델은 분명히 아니다.

요"(롬 10:14-15). 나오미에게 좋은 소식을 전해준 그 '누군가'가 없었더라면 그녀의 귀향은 더 연기되었거나 불가능했을 것이다.

복음의 소식이 나오미의 귀에 전해졌을 때 그녀는 단순히 '자극 (Stimulus) → 반응(Response)'의 틀 속에서 반응하지 않는다. 자극과 반응 중간에 '생각하는 과정' 즉 유기체(Organism)의 과정을 거친다(S → O → R). 이 유기체 과정은 주로 뇌의 전두엽을 통해 일어난다. 전두엽은 생각하고 고민하는 기능이 작동되는 부분이다. 나오미는 전두엽을 활성화시켜 자신의 과거 삶의 여정을 반추했을 것이다. 그리고 자신의 미래 이야기를 그려보았을 것이다. 만약 자신의 쓰디쓴 감정과 우울한 기분에 좌우되었다면 그녀는 베들레헴으로 결코 돌아가지 않겠다고 반응할수도 있었다. 좋은 소식을 듣고도 무기력하게 현재 삶의 자리에 고착된 채 여생을 살겠다고 결정할 수도 있었다. 매주 예배시간에 좋은 설교 말씀을 듣고도 다시 현실로 돌아가면 들었던 설교 말씀대로 삶을 살지 않고 이미 살던 익숙한 삶의 방식을 반복하는 우리의 모습을 비추어볼 때 그녀도 충분히 그렇게 반응할 수 있었다. 그러나 나오미는 믿음으로 반응한다. 익숙한 삶을 포기하고 새롭게 펼쳐질 불편한 삶을 선택한다.

갈등에서 결단으로

나오미가 모압에 계속 머물러 살기로 결정했다면 적어도 먹고 사는데 큰 문제는 없었을 것이다. 과부의 삶이고 외국인의 삶이 기는 했지만 그녀에게 그래도 두 젊은 모압인 며느리가 울타리가 되어 줄 것이기 때문이다. 양 사돈 집으로부터 어느 정도 정서적인 지지를 받을 수도 있을 것이다. 모압에 계속 머물러 살다가 죽는 것이 그녀에게는 여러 면에서 더 안전하고 쉬운 방안이었다. 귀향해서 겪어야 할 수치심을 겪을 필요는 없기 때문이다. 그러나 나오미는 자신이 실패자임을 직면한다. 그리고 떡집, 하나님의 땅, 약속의 땅, 고향으로 돌아가겠다고 결단한다. 그녀의 결단은 삶의 여정에서 실패한 성도들에게 용기를 준다.

나오미의 결단은 롯의 트라우마 경험 이후 내러티브와 대조를 이룬다. 롯은 빈손이 되었을 때 아브라함의 집으로 돌아가지 않는다. 그는 동굴에서 외부 세계와 단절한 채 사는 안전한 삶을 선택한다. 그러나 그의 내러티브는 동굴에서 종결된다. 물론 동굴은 안전하다. 그러나 동굴은 출구가 없다. 동굴은 방어기제와 닮았다. 방어기제는 일시적으로 생존하는데는 도움을 주지만 성장과 변화로 나아가는데 걸림돌이 될 수 있기 때문이다.

안타깝게도 롯은 심리적으로나 영적으로 퇴행한 채 삶을 마무리한다.

나오미의 귀국 결단은 살던 모압 땅이 남편과 두 아들들이 묻혀 있는 곳이라는 점에서도 어려운 일이었다. 베들레헴으로 가면 다시는 남편과 두 아들의 무덤에 방문하지 못하게 될 것이라는 점에서 큰 상실이 될 수 있었다. 나오미는 그들의 무덤에서 뼈라도 수습해서 고향에 묻어주고 싶은 심정이었을 것이다. 남편 엘리멜렉이 죽으면서 만약 고향으로 돌아가게 된다면 자신의 뼈를 가지고 가달라는 유언을 남겼을지도 모른다.[2] 하지만 룻기 기자는 엘리멜렉과 두 아들의 뼈를 거두어 돌아오는 것에 대해서는 전혀 언급하지 않는다.

나오미는 귀국하기 위해 두 며느리와 의논하고 준비한다. 두 며느리도 동행하겠다고 결단한다. 그렇다! 빈손이 되었다고 느끼는 나오미에게 그녀와 동행하고자 하는 두 며느리가 남아 있었다! 그녀에게는 여호와 신앙도 남아 있었다. "주신 복을 세어 보아라"라는 찬송가의 가사처럼 빈손일 때조차, 빈들에서도 감사할 조건이 남아 있음을 잊어서는 안 된다.

---

2) 요셉은 미래를 내다보며 이스라엘 백성들이 애굽에서 떠날 때 자신의 뼈를 거두어 가나안 땅에 묻어달라고 유언을 남긴다. 그리고 약 사백 년 뒤에 모세는 그의 유언을 기억하고 요셉의 뼈를 수습하여 출애굽 한다.

잘못된 애착과 퇴행(backsliding)

나오미는 베들레헴으로 돌아오는 길에 속으로 몇 번이나 모압으로 되돌아가고자 하는 강한 생각과 충동 때문에 내적으로 씨름하며 갈등했을 것이다. 두 며느리에게 모압으로 돌아가라고 강하게 권면하는 그녀의 모습에서 그녀가 귀향길에서 내적 갈등을 겪고 있음을 발견할 수 있다. 모압에서 모든 것을 다 정리하고 두 며느리와 함께 떠날 때와는 달리 그녀는 두 며느리들에게 모압으로 '돌아가라'고 반복적으로 강권한다. 심경의 변화가 일어난 것이다. 아마도 자신도 두 며느리와 함께 모압으로 돌아가고 싶은 마음도 없지 않아 있었으리라. 그러나 그녀는 자신이 돌아가는 대신 두 며느리에게 돌아가라고 요구한다.

심리치료 과정에서 자주 내담자들이 경험하는 역동은 '저항'(resistance)이다. 통찰과 변화를 원해서 상담을 시작한 내담자의 경우에도 정작 변화의 계기가 될 수 있는 시점에 다다르면 이전의 삶으로 되돌아가려는 행동을 무의식적으로 하는 것을 저항이라고 해석한다. 변화가 두렵기 때문이다. 이전 삶이 더 안전하게 느껴지기 때문이다. 상담약속을 의도하지 않게 잊어버리거나 상담 시간에 반복적으로 지각하는 행동이 대표적인 경우이다. 몸이 아프다는 핑계로 상담을 연달아 취소하기도 한다. 이런 심리적 역동성을 고려한다면 나오미 역시 변화와 회복을 원했지만 심리적으로 저항을 경험했을 것이라고 볼 수 있다.

예수님의 비유에 등장하는 탕자도 아버지 집으로 돌아오는 길에 여러 번 저항을 경험했을 것이다. 뒤돌아가려고 했을 것이다.[3] 변화의 과정에서 중독의 역동성이 작동하기 때문이다. 중독의 특성상 퇴행(backsliding)과 재발(relapse)의 역동(dynamics)이 예측할 수 있게 작용한다.

광야에서 이스라엘 백성이 자신들이 그토록 고생했던 애굽 생활을 아이러니하게 그리워했던 사실은 놀랍지 않다. 어려운 위기를 당할 때마다 그들이 반복적으로 했던 말은 "애굽으로 돌아가자"였다.

애굽으로 돌아가려고 했던 역동성은 유다 왕국이 멸망했을 때 일부 유다 백성들에게서 재반복된다. 그들은 유다 땅에 머물러 살라고 하신 하나님의 말씀을 거역하고 애굽으로 간다. 그들 생각에는 애굽이 그들에게 안전을 보장해주는 나라라고 생각했기 때문이다. 그들의 행동과 태도는 모압이 안전과 생존을 보장해주는 나라로 여겨져서 위기 중에도 베들레헴에 머물러서 살아야 할 엘리멜렉과 나오미가 모압으로 갔던 것과 닮았다.

---

3) 퍼거슨도 나오미가 떡집으로 돌아오는 것과 탕자가 양식이 풍부한 아버지의 집으로 돌아오는 것을 연결시킨다. Ferguson, *Faithful God*, 29.

그들은 예레미야에게 하나님의 뜻을 물어달라고 요청하면서 어떤 응답이든지 반드시 순종하겠노라고 약속한다(렘 42:5-6). 그러나 그들이 원했던 응답이 아니었을 때 그들은 예레미야의 경고를 무시하고 다 애굽으로 내려간다. 결국 하나님의 말씀대로 그들은 그곳에서 죽임을 당한다. 이들과 대조적으로 탕자와 나오미는 갈등과 저항을 극복하고 회복과 순종의 길을 끝까지 걷는다. 그래서 마침내 베들레헴으로 또는 아버지의 집으로 돌아간다.

소돔에서 생활 기반의 뿌리를 깊이 내렸던 롯은 매일 갈등하며 고민하면서도 소돔을 박차고 나가지 못한다. 롯은 자신이 소돔과 잘못된 애착관계를 갖고 있다는 것을 인식하면서도 그 생활을 포기하지 못한다. 유황불 심판이 오기 전에 롯과 그의 아내는 소돔이 연관되었던 전쟁으로 인하여 포로가 되며 재산을 빼앗기는 위기를 겪는다. 그러나 그들은 그 트라우마를 겪었음에도 불구하고 자신을 구해 준 삼촌 아브라함과 동행하지 않고 소돔 왕과 함께 소돔으로 되돌아간다. 그는 그의 옛 삶으로 퇴행한다. 롯의 행동은 죄와 중독의 힘이 얼마나 강력한 것임을 잘 보여준다.

공동체나 사회가 중독적이 되면 그 구성원들은 부인(denial)과 합리화(rationalization)의 방어기제를 주로 사용한다. 따라서 그들은 문제의식조차 갖지 못한다. 양심의 기능이 점점 약화되며 마침내 마비된다. 이것은 마치 개구리를 솥에 넣고 불을 서서히 지피면 뜨거워지는 물 온도에 서서히 적응하기 때문에 "앗 뜨거워"라고 외치며 솥 밖으로 뛰쳐나올 생각을 하지도 못한 채 마침내 삶겨 죽는 것과 같다.

룻과 오르바는 시어머니와 좋은 대상관계

가정해서 평소에 고부간의 갈등이 심했더라면, 그리고 나오미가 두 며느리들에게 '좋은 대상'(good object)이 아니었더라면, 나오미가 베들레헴으로 같이 가자고 애원을 해도 룻과 오르바는 가려고 하지 않았을 것이다. 평소에 나오미가 이기적인 시어머니였다면 또는 성격장애가 심한 시어머니였다면 두 며느리들은 뒤도 돌아보지 않고 돌아섰을 것이다. 나쁜 대상과는 함께 하고 싶지 않은 것이 인간의 보편적인 심리이기 때문이다. 나오미가 두 며느리를 떼 놓으려고 해도 그들은 오히려 울면서 같이 가겠다고 할 정도로 그들에게 나오미는 좋은 대상이었다.

나오미와 두 며느리의 관계를 통해 평소에 맺고 있는 관계가, 특히 가까운 사람들과의 관계가 좋은 대상 관계라면 위기 상황에서 그들이 지지자가 될 수 있다는 사실을 깨달을 수 있다. 씨를 뿌린 대로 거두는 원리가 평소 가족 관계와 대인 관계에도 적용된다.

비교적 짧은 결혼 생활 동안 룻과 오르바가 시어머니 나오미와 서로 '안정된 애착'(secure attachment) 관계를 형성한 것은 놀라울 정도이다. 시어머니와의 좋은 대상관계를 미루어볼 때 그들의 남편 말론과 기룐도 그들에게 좋은 대상이었을 가능성이 높다. 물론 그들이 허니문 단계에 있었기 때문에 주로 좋은 대상관계 경험을 많이 했을 수도 있다. 그러나 허니문 단계라고 할지라도 남편과의 관계가 불안정한 애착 관계였다면 시어머니 나오미가 삼각구도에서 개입하면서 갈등 관계를 형성했을 가능성이 높다. 만약 남편과의 관계가 좋지 않았다면 룻과 오르바는 각각 자신의 남편에 대한 나쁜 내부 대상 이미지(internal bad object image)를 시어머니 나오미에게 투사(projection)하거나 전이(transference)했을 것이다. 룻과 오르바가 나오미와 타국까지 가서 함께 살려고 한 것을 보면 그들의 부부 관계도 좋은 대상 관계였을 것이다. 두 며느리가 시어머니 나오미를 붙좇았던 것은 혼자 남은 시어머니에 대한 책임감에 앞서 나오미가 좋은 대상이었기 때문일 것이다. [4]

---

4) 영거는 고대사회 가정문화에서 시어머니에게 파워가 있기 때문에 룻과 오르바가 나오미와 함께 베들레헴으로 가려고 했던 동기가 사회적인 의무감 때문이었

특히 룻은 나오미를 비롯한 엘리멜렉의 가족이 믿었던 여호와 하나님을 인격적으로 만났다. 그래서 그녀는 여호와 하나님과 뗄 수 없는 애착 관계, 즉 언약 관계를 형성한다. 그래서 그녀는 나오미를 절대 포기하지 않는다. 아니 포기할 수 없었다.

대부분의 시어머니와 며느리 관계는 쉽지 않다. 왜냐하면 시어머니에게 아들은 자기가 죽을 때까지 자신의 아들로 인식되기 때문이다. 그래서 종종 아들(남편)을 두고 시어머니와 며느리는 의식적으로 또는 무의식적으로 경쟁한다. 아들이 며느리를 사랑하는 것에 대해서 대부분의 시어머니는 양가감정(ambivalent feelings)을 느낀다. 아들을 며느리에게 뺏겼다는 상실감까지 경험할 수 있다. 특히 홀어머니 밑에서 성장한 아들이 결혼하면 이 역동이 두드러지게 나타난다.

며느리 입장에서는 남편과의 관계가 좋지 않을 때 남편의 부분 대상(part object) 이미지인 '나쁜 대상 이미지'가 시어머니의 모습과 연결짓기가 된다. 따라서 남편의 부정적인 이미지를 시어머니에게 투사하며 전이한다. 그래서 남편이 미우면 시어머니까지 미워진다. 심하면 '시'자 붙은 것까지 다 싫어한다. 역

을 수도 있다고 주석한다. Younger, *Judges, Ruth*, 526-527. 필자는 그의 의견에 동의하지 않는다. 이미 남편들이 죽었고 룻과 오르바의 원가족이 모압에 살고 있는 상황에서 모국과 원가족을 떠나 타국으로 가는 길에 동행했다는 것은 의무감 보다 훨씬 강한 애착심이 있었다고 본다.

으로 시어머니가 미우면 시어머니와 일부 모습이 닮은 남편도 미워진다. 이런 역동을 이해하게 되면 객관적으로 남편과 시어머니를 볼 수 있는 눈이 열린다. 아내와 장모 또는 아내와 장인을 객관적으로 이해할 수 있는 눈이 열린다. 심리적으로 눈이 열리지 않으면 상대방의 부분 대상을 전체 대상(whole object)으로 인식함으로써 평생 마음에 응어리를 품고 사는 어리석은 인생이 된다.

나오미의 미래 이야기가 희망적이어서 룻과 오르바가 그녀와의 동행을 선택한 것이 아니다. 나오미의 말대로 그녀에게는 아들을 낳을 소망이 거의 없었다. 설령 아들을 낳는다고 하더라고 그 아들이 결혼할 수 있는 나이가 되려면 적어도 십수 년을 기다려야 했다. 더구나 낯선 타국에서의 미래의 삶은 불확실한 것이었다. 그들은 젊은 과부이자 외국인, 그것도 이스라엘인들이 싫어하던 모압인이었다. 더구나 이국 땅인 베들레헴에서 산다는 것은 자신의 조국과 고향산천, 친구와 부모, 형제 자매와 평생 헤어져야 살아야 하는 큰 희생을 감수해야 선택할 수 있는 삶이었다.

그러나 그들은 삶의 중요한 기로에서 힘든 길, 즉 모험의 길을 선택한 점에서 둘 다 심리적으로 성숙한 여인들이었다. 잠언의 표현을 빌리자면 현숙한 여인들이었다. 특히 룻은 나중에 보아스가 표현한 것처럼 참으로(truly) '현숙한 여인'(a woman of noble character)였다. 룻과 오르바는 좋은 자질을 공유한 며느리들이었다.

그러나 오르바는 현실에 더 시선을 둔 여인이었다. 그녀의 내면의 실체가 중요한 결단의 순간에 드러난다. 마치 평소에는 모래 위에 세운 집이나 반석 위에 세운 집이 외양상 차이가 없지만 바람이 불고 창수가 날 때 차이가 드러나는 것과 같다. 오르바는 나오미의 채근에 굴복하고 모압으로 돌아간다.[5] 그리고 오르바는 룻기의 무대에서 사라진다.

모압에 돌아간 오르바의 삶은 어떠했을까? 아마도 재혼해서 행복하게 살았을 수도 있다. 설령 그랬다 하더라도 그녀는 여호와 신앙을 유지하지 못했을 것이다. 나오미조차 "네 동서는 그의 백성과 그의 신들에게로 돌아가나니"(1:15)라고 말하지 않는가? 잘 타는 장작 나무라도 따로 떼어 놓으면 얼마 가지 않아 열기를 유지 하지 못하고 불이 꺼져 버린다. 신앙도 마찬가지이다. 99. 9%의 사람들이 다른 신들을 섬기는 모압

---

5) 룻과 오르바의 선택은 예수님이 하신 말씀을 생각나게 한다. "내 이름을 위하여 집이나 형제나 자매나 부모나 자식이나 전토를 버린 자마다 여러 배를 받고 또 영생을 상속하리라"(마 19:29). 룻은 보이는 대상인 나오미를 선택했을 뿐 아니라 보이지 않는 여호와 하나님을 선택한 자로서 하나님 나라의 백성으로 편입된다. 그녀는 여호와의 은혜를 입어 영생을 기업으로 얻는 자가 된다.

　　　　　　　　　　　　　　심리학으로 읽는 룻기

의 종교적 환경에서 오르바 혼자 여호와만 섬기고 살 가능성은 거의 제로다. 보이지 않는 하나님보다 풍족한 초장과 풍요한 소돔을 선택했지만 빈손 인생으로 전락한 롯처럼 오르바는 모압으로 돌아가는 길을 선택함으로써 영적으로는 빈손 인생으로 생을 마쳤을 것이다. 오르바는 나와 당신에게 반면교사이다.

오르바와 롯은 비슷하면서도 차이가 난다. 롯은 눈에 보이는 나오미에 대한 애정뿐 아니라 보이지 않는 여호와 하나님에 대한 신앙이 확고했다. 오르바는 위기의 순간 또는 결단의 순간이 찾아왔을 때 쟁기를 잡고 뒤로 돌아보는 자가 되고 만다.[6] 그녀는 자신의 삶이나 조국과의 관계, 친부모와의 관계, 그리고 나오미와의 관계가 중요하지만 여호와 하나님과의 관계와 비교

---

[6] 라우는 오르바와 롯의 이름의 뜻이 둘 다 명확하지는 않다는 점을 인정한다. 그러면서도 오르바의 이름이 '목뒷덜미'(back of the neck), '구름', '향수'(perfume)와 같은 여러 뜻을 갖고 있는데 그녀는 마침내 시어머니로부터 '그녀의 고개를 돌려' 뒤돌아 갔다고 주석한다. 롯이라는 이름은 '친구, 동료' 그리고 '상쾌하게 함, 포만'(refreshment, satiation)의 뜻이 있는데 후자의 뜻이 가장 가능성이 크다고 본다. Lau, *Ruth*, 72-73. 롯은 그 이름의 뜻처럼 나오미를 '마라'의 우울로부터 회복시킨다. 그리고 이삭을 주워서 그녀에게 먹을 것을 공급한다. 그리고 손자를 낳아 그녀의 품에 안김으로써 그녀를 만족시키는 대상이 된다. 롯은 나오미에게 하나님을 표상한다. 다윗이 고백했듯이 나오미는 사망의 골짜기를 통과할 때에 롯의 동행을 통해 위로를 받는다. 마침내 그녀의 삶은 "여호와는 나의 목자시니 내가 부족함이 없으리로다. . . 내 잔이 넘치나이다"(시 23:1, 5)라고 고백하는 삶으로 바뀐다.

하면 모두 상대적이며 잠정적이라는 사실을 깨닫지 못한다. 그러나 룻은 보이지 않는 하나님께 시선을 고정한다. 그녀는 애굽의 금은보화와 권세를 포기하고 하나님의 백성들과 고난 받는 것을 기꺼이 선택한 모세처럼 보이지 않는 분, 영원한 분을 선택한다. [7]

오르바와 룻의 진로는 갈림길에서 완전히 바뀐다. 그들의 이야기는 맷돌질을 하는 두 여인이 함께 일하다가 한 여인은 하늘로 들림을 받지만 다른 한 여인은 버림받게 될 것이라고 말씀하신 예수님의 세상 끝날의 심판 이야기와 연결된다. [8] 오르바의 결정은 상식적이며 합리적이며 현실적이다. 그녀는 일반 은총 영역의 관점에서 볼 때 괜찮은 수준의 심리적 성숙을 이룬 여성이었다. [9] 그러나 그녀는 보이는 것에 가치를 두고 안정적인 것을 선택한다. 그러나 룻은 평소의 가치관과 신앙관에 따

---

7) "믿음으로 모세는 장성하여 바로의 공주의 아들이라 칭함 받기를 거절하고 도리어 하나님의 백성과 함께 고난 받기를 잠시 죄악의 낙을 누리는 것보다 더 좋아하고 그리스도를 위하여 받는 수모를 애굽의 모든 보화보다 더 큰 재물로 여겼으니 이는 상 주심을 바라봄이라"(히 11:24-26).
8) "두 여자가 맷돌질을 하고 있으매 한 사람은 데려가고 한 사람은 버려둠을 당할 것이라"(마 24:41).
9) 영거도 룻기의 저자는 오르바는 틀렸고 룻은 옳다는 식의 판단을 하지 않고 있다고 주석하며 그녀의 결정이 매우 합리적인 것이었음을 지적한다. 오르바의 행동은 단지 룻의 행동을 더 빛나게 한다고 주석한다. Younger, *Judges, Ruth*, 532.

라 모험하는 길을 선택한다.

룻과 오르바의 선택은 아브라함과 롯의 선택과 닮았다. 안정적인 것과 세상적인 것을 더 가치 있게 여겼던 롯과 오르바의 이름의 자취는 사라진다. 그러나 아브라함과 롯은 오고오는 세대에서 위대한 신앙 인물로 전해지고 있다. [10)]

평소에 성경 말씀에 순종하며 사는 사람은 반석 위에 집을 세운 사람의 경우처럼 위기가 닥쳐도 무너지지 않는다. 불시험을 당해도 금과 은으로 지은 집은 무너지지 않는다. 그러나 모래 위에 집을 세운 사람은 위기가 오면 무너짐이 크다. 짚이나 나무로 집을 지은 사람은 불시험을 견뎌내지 못한다(고전 3:12-15). 오르바는 후자에 해당하는 사람들을 표상한다.

돌아가라 돌아가라

베들레헴으로 돌아가는 도중에 나오미의 마음이 변한다. 출발할 때만 해도 두 며느리와 같이 가기로 의논하고 약속했음

---

10) 라우는 아브라함이 갈대아 우르를 떠난 것과 룻이 모압을 떠난 것이 서로 평행적이라고 지적한다. 하나님의 약속을 받고 떠난 아브라함보다 룻은 약속이 없었음에도 불구하고 떠났다는 점에서 그녀의 결단이 더 탁월하다고 주석한다. Lau, *Ruth*, 44,101.

에도 불구하고 그녀의 심경에 변화가 생긴 것이다. 두 며느리와 자신을 구별짓기 해야겠다는 생각이 점점 강해지면서 그녀는 내적으로 갈등한다. 마침내 나오미가 입을 연다.[11] "너희는 각기 너희 어머니의 집으로 돌아가라."[12] 그리고 작별 인사겸 축복을 덧붙인다. "너희가 죽은 자들과 나를 선대한 것 같이 여호와께서 너희를 선대하시기를 원하며 여호와께서 너희에게 허락하사 각기 남편의 집에서 위로를 받게 하시기를 원하노라." 그리고 그들에게 입을 맞추며 작별 인사를 한다. 그녀의 말과 행동에서 그녀의 두 마음(double-minded)이 읽혀진다. 우선

---

11) 6절에서 18절까지 내용에서 첫 두절과 마지막 한 절을 빼면 내러티브가 모두 대화로 이루어지는 것이 특징적이다. 나오미와 두 며느리와 대화 속에 그들 각자의 내적 상태와 심정이 잘 드러난다. 라우는 모압에서 베들레헴으로 돌아오는 과정에서 오간 대화는 모압과 베들레헴 사이의 '경계공간'(a liminal space)을 제공하는 역할을 한다고 주석한다. Lau, *Ruth*, 86. 이 경계공간에서 두 마음을 품은 오르바와 일편단심을 품은 룻의 미래이야기가 나뉘어진다. 룻기 저자가 1장에서 모압에서의 10여년의 삶에 대해서는 5절을 배당하며 베들레헴에 귀향한 날 일어나는 일에 대해서 4절을 배당하지만 6절에서 18절까지 많은 분량을 귀향하는 도중에 오간 대화에 할애했다는 사실은 이 시점이 나오미와 룻과 오르바 각자의 인생에서 중요한 분기점이라는 사실을 부각시킨다.

12) 퍼거슨은 룻기 1장에서 히브리어 동사 *shub*가 반복적으로 사용되고 있음을 지적한다(6, 7, 8, 10, 16, 22절). 이 히브리어 단어가 반복되는 것은 중요한 의미가 있다고 보는데 그것은 회개와 회심(conversion)을 향한 하나님의 언약적인 은혜로 돌이키는 행동을 묘사하는 구약의 핵심 단어이기 때문이라는 것이다. 이 단어가 반복될 때 히브리 청중은 룻기의 이야기가 하나님께 돌아가는 이야기라는 것을 깨닫게 된다고 통찰력 있게 주석한다. Ferguson, *Faithful God*, 20-21. 그런 점에서 룻기는 66권 성경 전체의 메세지를 표상한다고 볼 수 있을 것이다.

며느리들을 아끼며 공감함으로써 그들을 '떠나보내주는'(letting go) 마음을 느낄 수 있다. 앞으로 자신은 나이 든 과부로서 혼자 외롭게 살아야 함에도 불구하고 그들에게 이타적인 사랑을 베풀고자 하는 마음이다. 다른 한 마음은 두 며느리를 자신과 떼어놓음으로써 자신이 직면해야 할 수치심을 회피하려는 자기애적인 마음이다. 이처럼 사람의 마음은 자주 복합적이며 모순적이다. 의식적으로는 이타적이라고 할지라도 무의식적으로는 부분적으로 이기적인 면이 있을 수 있는 것이 인간의 보편적인 심리이다.[13] 나오미도 예외가 아니다. 나와 당신도 예외가 아니다

시어머니로부터 예상하지 못했던 말을 들은 룻과 오르바는 함께 소리를 내어 울며 같은 목소리로 반응한다.[14] "We *will*

---

13) 호나이는 신경증을 가진 사람은 내면세계가 모순적인 것이 특징적이라고 지적한다. 그녀는 정상적인 갈등이 약 90도 내외의 방향으로 다르다면 신경증적인 갈등의 경우는 180도 다른 방향의 양립할 수 없는 힘이 내적으로 작용하는 것이 특징적이라고 통찰력 있게 설명한다. Karen Horney, *Our Inner Conflicts: A Constructive Theory of Neurosis* (New York: W. W. Norton Company, 1992), 34-47 참조.

14) 라우는 '소리내어 울었다'는 관용적인 표현은 자주 재난이나 상실 상황에서 애곡하는 것을 의미한다고 주석하면서 삿 21:2-3, 삼하 13:36, 욥 2:12의 경우를 예로 든다. Lau, *Ruth*, 90. " 백성이 벧엘에 이르러 거기서 저녁까지 하나님 앞에 앉아서 큰 소리로 울며 이르되 이스라엘의 하나님 여호와여 어찌하여 이스라엘에 이런 일이 생겨서 오늘 이스라엘 중에 한 지파가 없어지게 하시나이까 하더니." "말을 마치자 왕자들이 이르러 소리를 높여 통곡하니 왕과 그의 모

go back *with you to your people*." 그들은 시어머니의 백성들에게 나오미와 함께 돌아갈 것이라고 그들의 뜻을 천명한다. 사실 그들은 이스라엘 공동체에 있었던 자들이 아니다. 자기 백성에게로 '돌아가는' 자는 나오미 뿐이다. 둘은 처음으로 베들레헴에 가고 있는 중이었다. 그런데 둘은 자기 백성에게로 되돌아가는 시어머니와 일심동체가 되어 자기들도 '돌아갈' 것이라고 반응한다. 그들은 진심으로 나오미와 동행하기를 원한다. 비록 나오미가 빈손이지만 그녀와 함께 살겠다는 뜻을 확실하게 표현한다. 자신들의 친모보다 시어머니에게 더 로열티를 둔다. 나오미는 "너희 어머니의 집으로 돌아가라"고 분명히 말한다. 그러나 그들은 '시어머니의 집' 베들레헴으로 가길 원한다.

사실 룻과 오르바의 결단은 놀라울 정도이다. 자신의 원가족이 모두 모압에 사는 상황에서 남편을 잃은 모압 여자가 시어머니를 따라 타국으로 간다는 것은 원가족이 볼 때에는 마

든 신하들도 심히 통곡하더라."" 눈을 들어 멀리 보매 그가 욥인 줄 알기 어렵게 되었으므로 그들이 일제히 소리 질러 울며 각각 자기의 겉옷을 찢고 하늘을 향하여 티끌을 날려 자기 머리에 뿌리고." 이 세 경우를 볼 때 오르바와 룻은 전혀 예상하지 못했던 상실로 인해 트라우마 수준의 충격감과 비탄감을 경험했음을 알 수 있다. 1장 14절에서 룻기 기자는 오르바가 돌아서기 전에 다시 그들은 동일한 수준으로 통곡했음을 부각한다. "그들이 다시 소리를 높여 다시 울더니."

심리학으로 읽는 룻기

치 이단에 빠져 가족까지 버린 광신자처럼 여겨질 수 있는 일
이었다.

엄밀한 의미에서 보면 남편이 죽으면 아내는 결혼의 법에서
자유하다. 따라서 시댁과도 법적인 의미에서 관계가 해지된다.
바울도 율법과 죄의 관계를 설명하면서 이 법적 관계를 예시한
다. "형제들아 내가 법 아는 자들에게 말하노니 너희는 그 법이
사람이 살 동안만 그를 주관하는 줄 알지 못하느냐 남편 있는
여인이 그 남편 생전에는 법으로 그에게 매인 바 되나 만일 그
남편이 죽으면 남편의 법에서 벗어나느니라 그러므로 만일 그
남편 생전에 다른 남자에게 가면 음녀라 그러나 만일 남편이
죽으면 그 법에서 자유롭게 되나니 다른 남자에게 갈지라도 음
녀가 되지 아니하느니라"(롬 7:1-3).

룻과 오르바는 법적으로 다른 남자에게 재혼할 수 있는 상태
였다. 더구나 그들은 결혼한 지 얼마 안되고 자식도 낳은 적이
없는 여성들이다. 그러나 그 두 사람은 나오미와 함께 자신의
본토와 친척을 떠나기로 결심한 자들이었다. 이 점에서 그들은
갈대아 우르를 함께 떠났던 아브라함과 그의 조카 롯을 닮았다.
그러나 오르바는 중요한 결단의 시기에 아브라함과 헤어졌던
롯과 닮았다.

원가족 부모의 입장에서는 원수 나라인 이스라엘로 룻과 오

르바가 떠날 수 있도록 허락하기 쉽지 않았을 것이다. 이런 원가족과의 정황을 고려한다면 두 며느리의 초심은 귀한 것이었다. 그들은 안전지대를 떠나 모험 지대로 들어가기를 기꺼이 결정한 성숙한 여성들이었다. 원가족과 분리불안을 느끼지 않고 구별짓기할 수 있는 자기개별화가 된 여성들이었다. [15]

어려운 입장에서 결단하고 베들레헴 이민 길에 나선 두 며느리에게 나오미는 합리적으로 논박하면서 그들을 설득한다. "되돌아가라." "나는 늙었으니 남편을 두지 못할지라." 나오미가 남편을 더 이상 두지 못할 것이라는 것은 며느리들이 볼 때에도 확실한 팩트였다. 두 며느리가 이 현실을 몰라서 시어머니를 따라나선 것은 아니라는 점에서 그녀의 말은 설득력이 약하다.

하나님의 관점에서 나오미의 말을 접근하는 것도 의미가 있다. 하나님은 나오미의 입술을 통해서 두 여인에게 핵심적인 질문을 던지신다. "룻, 너는 왜 굳이 나오미와 함께 돌아가려고 하

---

15) 룻과 오르바가 역기능적인 원가족과 '정서적 단절'(Emotional Cut-off) 상태에서 결혼한 여인들이서 나오미를 따라 베들레헴으로 가려고 했을 것이라고 추론한다면 그것은 틀린 추론이다. 원가 족과 정서적 단절 상태에서 성장기를 거친 이들은 자기개별화의 수준이 매우 낮기 때문이다. 원가족과 연결짓기가 거의 되지 않고 극단적으로 구별짓기가 된 삶을 살면 심리 발달이 제대로 되지 않는다. 룻과 오르바는 안정된 애착관계를 형성할 수 있는 심리적 성숙을 갖춘 여인들이었다. 따라서 원가족과의 정서적 단절이 나오미를 따라나선 동기가 되었다고 이해하는 것은 잘못된 해석이다.

심리학으로 읽는 룻기

는거지?" "오르바, 너는 왜 굳이 나오미와 함께 돌아가려고 하는거지?" 그들의 속마음을 이미 아시는 주님이 그들의 입술을 통해 나오는 신앙고백의 여부를 확인하시는 것이다.[16] 이 질문에 대하여 룻은 자신의 관점과 가치관을 명료하게 표현한다. 여호와 하나님이 자신의 삶에 참 소망이 되시는 분이라는 사실 때문에 나오미를 포기할 수 없다는 것이다.[17] 그녀의 대답은 시적이며 아름답다. "어머니의 백성이 나의 백성, 어머니의 하나님이 나의 하나님."[18] 안타깝게 오르바는 이 핵심적인 질문을 통과하지 못한다.[19]

---

16) 퍼거슨은 나오미가 두 며느리에게 모압으로 돌아가라고 한 것은 그들에게 제자도의 삶에 대해서 질문하는 것이었다고 주석한다. Ferguson, *Faithful God*, 30. 하나님은 나오미의 입술을 통해서 룻에게 제자도의 질문을 던지신 것은 맞지만 나오미가 이 제자도의 희생을 인식하고 두 며느리에게 질문을 던졌다고 해석하는 것은 나오미의 정황에서 과도한 해석이라고 필자는 생각한다.

17) 퍼거슨도 룻의 헌약은 시어머니에 대한 헌신과 사랑을 넘어서는 여호와 하나님에 대한 신앙고백으로 이해해야 한다고 본다. Ferguson, *Faithful God*, 19.

18) 퍼거슨은 룻의 이 보석같은 신앙고백은 하나님이 자기 백성과 언약을 맺으셨을 때 하신 말씀과 연결된다고 보았다. "나는 너희 중에 행하여 너희의 하나님이 되고 너희는 내 백성이 될 것이니라"(레 26:12). Ferguson, *Faithful God*, 33.

19) 라우는 오르바가 모압으로 돌아간 행동은 수치스러운 것이 아니며 시어머니의 말에 순종하는 상식적인 수준의 행동이었다고 주석한다. Lau, *Ruth*, 97-98. 그녀는 보이는 것으로 판단하고 결정한 현실적이며 상식적인 여인이었다. 보이지 않는 하나님의 선하시고 기뻐하시고 온전하신 뜻을 분별하지 못했을 뿐이다. 그 점에서는 나오미도 마찬가지였다. 그러나 하나님은 나오미에게 그녀의 부족함에도 불구하고 헤세드 은총을 베푸셨던 것이다. 오르바는 룻의 후손으로 되돌아간다. 룻도 롯의 후손이었으나 아브라함의 백성으로 접붙힘을 받는다.

나오미는 "Return home"이라는 표현을 두 번이나 한다. 돌아갈 것을 강한 어조로 명령한 것이다. 진정한 의미의 home-coming은 모압으로 가는 것일까? 아니면 베들레헴로 가는 것일까? 룻은 자신의 진정한 고향은 태어난 곳이 아니라 이스라엘 백성과 함께 하는 곳임을 확신했다.

우리 각자도 고향은 다르다. 고국도 다를 수 있다. 그러나 진정한 고향과 고국은 이 땅에 존재하지 않는다. 가야 할 고향과 고국은 하늘에 있다.

나오미와 연결된 두 모압 여인 룻과 오르바는 한 순간에 삶의 방향이 180도 바뀐다. 룻의 방향이 → 이라면 오르바의 방향은 ← 이 된다. 룻은 하나님의 나라를 선택하기 위하여 부모나 형제 자매, 친척과 밭을 버린 사람이 백 배 혹은 천 배의 보상을 받는 경험을 한다. 기대하지 못했던, 상상하지 못했던 헤세드 은총이 그녀를 기다리고 있었다. 오르바의 선택은 상식적이며 합리적이었다. 그러나 그녀는 하나님의 나라 백성으로 사는 기회를 잃는다.

나오미는 "…라고 가정해보자"라는 상담사들이 잘 사용하는 방법으로 두 며느리를 설득한다. 어떤 최악의 상황을 가정해서 직면하게 하는 이 질문 방법은 내담자가 미처 생각하지 못했던 면을 생각하도록 돕는데 유익하다. 나오미는 마치 상담사처

심리학으로 읽는 룻기

럼 두 며느리들에게 논박한다. 그녀는 "설령 오늘 밤이라도 내가 남편이 있어서 잠자리를 같이 하고 아이를 낳는 상황, 즉 일어날 수 없는 상황이 생긴다손 치더라도, 첫째 그 아이가 아들이라는 보장이 없고, 둘째, 적어도 남성으로서의 생식력이 생기려면 최소한 15년 내지 20년을 기다려야 하고, 셋째, 오르바는 더 오래 기다려야 할텐데?, 미혼 상태로 계속 있을 수 있겠니?"라고 논박한다.

룻이나 오르바는 이 질문에 대해서 예, 아니오의 대답을 하지 않는다. 대신 오르바는 몸으로 대답한다. 그녀는 룻과 함께 소리높여 울고 시어머니에게 입을 맞추고 돌아선다. 나오미의 질문은 현실을 직시하게 하는 질문이었기 때문이다. 그러나 룻은 시어머니가 제기한 질문보다 더 큰 질문에 초점을 맞춘다. 설령 모압으로 돌아가 거기에서 재혼하고 아들 또는 딸을 낳고 산다고 할지라도 여호와 하나님과 연결될 수 없는 삶을 사는 것이 과연 의미가 있는 것일까? 라는 질문 말이다. 예수님이 광야에서 마귀의 시험을 받을 때 대답하셨던 말씀처럼 "사람은 떡으로만 사는 존재가 아니라 하나님의 입에서 나오는 모든 말씀으로" 살아야 하는 존재이기 때문이다.

예수 그리스도를 자신의 구원주로 만난 적이 없는 사람은 영적 갈급함을 느끼는 신경세포가 죽어 있다. 따라서 영적인 상태와 죽음 이후의 심판에 대한 문제의식이 전혀 없다. 그러나 예수 그리스도를 인격적으로 만난 사람에게는 예수 그리스도와 연결되지 않은 채 이 세상을 몇 년 더 재미있고 행복하게 사는 것은 아무런 의미가 없다.

룻은 여호와 하나님을 진정으로 경외하는 여인이었다. 그의 삶을 주관하시는 창조주 하나님이 자신의 삶의 주인이자 왕이자 참된 남편임을 알고 있었다. 그래서 그녀는 나오미와 작별하지 않는다.

나오미는 질문에 이어서 두 며느리에게 다음과 같이 자신의 아픔이 더 크다고 호소한다. "여호와의 손이 나를 치셨기 때문에 나는 너희보다 더 쓰라리고 힘들어!" 나오미는 며느리 룻과 오르바에 비해 결혼생활이 훨씬 길었기 때문에 더 아프고 쓰라렸을 것이다. 이것은 당연하다. 애착했던 강도와 기간만큼 상실의 고통은 정비례하기 때문이다. 게다가 나오미는 장성한 두 아들들마저 잃지 않았던가? 나오미는 분명히 더 고통스러웠을 것이다. 더구나 그 죽음이 하나님의 징계와 징벌이라고 느꼈기 때문에 죄책감까지 그녀를 괴롭혔을 것이다. 나오미는 며느리들의 아픔을 공감하기에는 자신의 고통에 훨씬 더 몰입되어 있었다.[20]

---

20) 나오미의 이런 모습이 베들레헴에 도착했을 때 그녀 옆에 서 있는 룻을 투명인 간처럼 취급하는데서도 나타난다. 룻을 동네 사람들에게 소개하거나 룻도 마음

심리학으로 읽는 룻기

나오미는 두 며느리에게 그녀가 겪는 상실의 고통이 하나님의 징계라고 호소한다. "The Lord's hand has gone out *against* me!" 그러나 하나님은 실제로 'for her' 하시기 위해서 새로운 삶의 이야기를 예비하고 계셨다. 하나님은 징계 중에서도 긍휼을 잊지 않으시는 분이시다. 룻의 마음을 감동시켜서 끝까지 나오미를 따르게 하신 것도 하나님이셨다. 본문에서는 전혀 언급되어 있지 않지만 각 사람의 마음을 다스리며 간섭하시는 하나님이 룻의 마음에 역사하신다. 자발적인 헌신과 헌약의 고백을 하도록 그녀의 마음과 입술을 주장하신다. 애굽 왕 바로의 경우처럼 마음을 강퍅하게도 하시며 룻의 경우처럼 마음을 담대하게 붙드시기도 하신다. 하나님은 룻의 마음에 함께 하셔서 나오미의 원망 섞인 말에 상처 받지 않도록 다독여주신다.

오르바와 룻은 나오미의 말을 듣고 다시 운다. 그러나 그들의 울음의 의미는 각각 달랐다. 오르바의 울음은 시어머니와의 이별을 수용하는 상실감에서 나온 것이다. 룻의 울음은 두 가지 의미의 울음이었다. 첫째는 동서와 헤어짐에서 오는 울음이었

고생이 컸다고 대변해주는 말을 전혀 하지 않는다. 어색한 표정으로 외롭게 서 있는 룻의 모습이 그려진다. 나오미는 동네 사람들에게 자신이 겪었던 일에 대해서만 호소한다.

다. 둘째는 자신을 떠나보내려고 부단히 애쓰는 나오미에 대한 연민과 안타까움의 울음이었을 것이다. 시어머니의 울음 속에서 룻은 자신의 처지와 비슷한 한 여인의 모습을 보는 '투사동일시'(projective identification) 경험을 했을 것이다. [21]

이 세 사람처럼 이별 상황에서 소리내어 울 수 있다는 것은 건강하며 감사한 일이다. 그러나 어떤 사람들은 이런 상황에서 눈물조차 나지 않고 비현실감이 들며 무감각, 무감동으로 반응하기도 한다. 이처럼 애도의 방식이 사람마다 다를 수 있다는 사실을 알면 불필요한 오해를 하지 않을 수 있다.

진실과 직면하는 나오미

나오미가 베들레헴으로 되돌아가기 위해서는 용기가 필요했다. 율법이 명시적으로 금지한 결혼을 해서 생긴 모압 여인이자 젊은 과부 며느리 둘을 데리고 돌아가는 것은 위험 부담을 감수하는 일이었다. 자칫 그들 모두 동네 사람들로부터 왕따를 당

---

21) 자신의 모습을 객관적으로 보기가 어렵다. 그렇지만 이 방어기제를 사용하면 다른 사람의 모습 속에서 자신의 모습을 비춰볼 수 있다. 자신의 모습이 타인의 모습에 보일 때 타인의 모습만 보이면 투사라는 방어기제가 작동되는 것이다. 투사동일시보다 미숙한 기제이다.

심리학으로 읽는 룻기

할 수도 있기 때문이다.

앞에서 이미 언급했듯이 나오미가 귀향 도중에 룻과 오르바에게 모압으로 돌아가라고 강권한 것은 그들을 배려하며 공감했기 때문이다. 표면적으로 보면 그러했다. 그러나 그녀의 표현 속에 그녀 자신이 겪어야 할 예견되는 수치심과 두려움을 회피하려는 그녀의 이기적인 동기가 느껴진다. 22) 모압인 며느리를 둘이나 데리고 이스라엘 공동체에 들어가는 일은 수치스러운 일이자 결과를 예측하기 힘든 일이었다. 모압 사람은 영원히 여호와의 총회에 들어오지 못한다는 모세의 율법을 고려할 때 동네 사람들이 어떻게 반응할 지 두려웠을 것이다. 혈혈단신으로 들어가면 오히려 동네 사람들의 공감과 위로를 받기가 쉽지 않겠는가? 굳이 두 아들들이 모압 여인들과 결혼했다는 이야기도 할 필요가 없게 된다. 설령 물어보는 이들이 있어도 얼렁뚱땅 둘러대면 되는 일이었다. 오늘날처럼 인터넷이 발달된 시대도

---

22) 라우는 룻기의 내러티브는 다른 구약의 내러티브와 특징적으로 구별되게 대화가 내러티브의 많은 분량을 차지하고 있음을 지적한다. 총 85절로 이루어진 룻기에서 59절이 직접 대화로 이루어졌다면서 직접 화법은 말하는 사람의 동기에 대해서 질문하게끔 하는 문학적 효과가 있다고 말한다. 그는 두 며느리에게 모압으로 돌아가라고 말할 때 나오미가 그들의 안녕에 관심이 있었기 때문일까 아니면 외국인 며느리를 데리고 돌아갔을 때 자기의 명예에 손상이 오는 것에 관심이 있었기 때문일까 독자들이 스스로 질문하게 하는 효과가 있다고 말한다. 라우도 나오미의 말에 복합적인 동기가 있었다고 본다. Lau, *Ruth*, 10,95-96.

아니고 누가 모압 한 귀퉁이에서 살았던 한 가족의 구체적인 이야기까지 알겠는가? 남편과 두 아들이 그냥 풍토병으로 또는 적응 과정에서 겪은 과도한 스트레스로 인해 심장마비로 사망했다고 말하면 되는 일이다. 더구나 "다 자기 소견에 옳은 대로 행했던" 사사기 시대의 시대 정신에서 볼 때 이렇게 대답해도 별 문제 될 일은 없었다.

나오미는 자신에게 끝까지 '들러붙는' 룻이 혹처럼 여겨졌을 것이다.[23] 자신의 속도 모르고 자신을 끝까지 따라가겠다고 하는 룻의 모습에 속으로 화가 났을 수도 있다. 나오미는 장차 룻이 자신의 미래 이야기에 소망을 가져다주는 디딤돌이 될 것이라는 사실을 몰랐다. 그래서 그녀는 룻을 혹처럼, 걸림돌처럼 여겼을 것이다.

룻기 저자의 문학적인 기법이기도 하겠지만 룻의 결심을 꺾을 수 없음을 확인한 나오미는 베들레헴에 도착할 때까지 룻

---

23) 라우는 오르바는 나오미를 'leaving' 하지만 룻은 나오미를 'cling' 한다고 통찰력있게 표현했다. Lau, *Ruth*, 96. "룻은 그를 붙좇았더라"(Ruth clung to her)라고 번역된 부분에서 '붙좇다'라는 동사가 창 2:24에서 "남자가 부모를 떠나(leave) 그 아내와 합하여(cleave) 둘이 한 몸을 이룰지로다"에서 사용한 동사와 같다. 이 사실을 주목한 일부 학자들이 룻이 나오미를 따른 것에는 성적인 의미를 함축하고 있다고 주장하는 것에 대해서 라우는 고대근동 문화권의 맥락에서 볼 때 시어머니와 며느리 사이의 동성애적인 관계의 가능성은 매우 희박한 것이라고 일축한다. Lau, *Ruth*, 97.

심리학으로 읽는 룻기

과 어떤 대화도 나누지 않는다. 물론 이런 저런 이야기들을 했을 수도 있다. 룻기의 지면을 축약하기 위해서 그럴 수도 있겠지만 며칠이 더 소요되는 여정에서 두 사람 사이의 상호작용은 더 이상 언급되지 않는다. 어쩌면 서로 침묵하면서 마냥 걷기만 했을 수도 있다. 아무튼 나오미는 마지 못해 룻의 마음을 받아들인다. 그러나 달가운 마음은 아니었을 것이다.

베들레헴에 가까워질수록 나오미의 마음은 더 불안하고 초조했을 것이다. 어떻게 동네 사람들에게 반응해야 할까? 모압에서 겪은 일에 대하여 내가 뭐라고 말하는 것이 제일 무난할까? 여러 시나리오를 상상하며 속으로 대답할 말을 되뇌었으리라.

그러나 하나님은 룻을 붙여주심으로써 나오미가 자신의 불순종의 죄와 상실의 이야기로 점철되었던 과거와 직면하도록 도우신다. 하나님은 룻의 동행을 통해 나오미가 모압에서 겪었던 삶의 여정을 동네 사람들에게 진실 그대로 고백할 수 밖에 없게 하신다. 금지된 땅 모압에서 정착하기 위해 모압에서 이방여인을 며느리로 맞은 자신의 과오와 죄악을 베들레헴 공동체 앞에서 솔직히 인정할 때 그녀는 비로소 진실이 가져다주는 자유와 치유를 경험할 수 있기 때문이다.

룻의 동행으로 인해 나오미의 나머지 인생 이야기가 의미가 있게 변화한다. 남편과 두 아들의 죽음 이야기조차 후세 사람들의 삶에 선한 영향을 주는 의미 있는 이야기로 변한다. 그리고 오벳과 이새와 다윗의 이야기까지, 더 나아가 예수 그리스도의 이야기까지 이어지는 놀라운 결과를 가져온다. 만약 룻마저 모압으로 돌아갔다면 룻기는 성경에 존재하지 않았을 것이다. 그냥 남편과 아들 둘을 잃은 어느 불쌍한 과부의 이야기로 베들레헴 동네에서나 회자되었을 것이다. 그러나 보이지 않는 하나님의 손이 룻과 나오미를 연결짓기 하신다. 결과적으로 광야에서 전혀 예상하지 못했던 샘이 터지는 역사가 일어난다. 광야에서 상상하지 못했던 하늘의 양식 만나를 경험했던 선조의 기적 경험이 나오미의 삶에 반복된다.

돌아서는 오르바

오르바는 나오미와 룻에게 작별의 키스를 하고 뒤돌아선다. 그 순간 오르바는 양가 감정을 느꼈을 것이다. 애착했던 시어머니와 동서와 완전히 헤어져야 하는 슬픔을 느끼면서도 자신의 부모 집과 익숙한 고향으로 돌아가는 것에 대한 기대감과 자신의 미래 이야기에 대한 기대감이 교차하는 것을 경험했을 것이다. 모압을 향해 가다가 여러 번 뒤돌아보았을지도 모른다. 어쩌면 나오미와 룻에게로 달려와서 한번 더 울고 갔을 수도 있다. 아무튼 중요한 사실은 오르바는 자기 본토로 돌아갔다는 점이다.

룻기 기자는 오르바를 판단하거나 정죄하지 않는다. 담담히 기술할 뿐이다. 오르바의 행동의 결과에 대한 해석은 독자의 몫으로 남겨둔다. 독자 자신이 만약 이 상황에서 있었다면 룻의 선택을 할 것인가, 아니면 오르바의 선택을 할 것인가에 대해 스스로 질문하게 만든다.

하나님의 나라 관점에서 오르바의 모습을 조명하면 쟁기를 잡고 뒤를 돌아보는 자는 하나님 나라에 적합하지 않다고 하신 예수님의 교훈과 연결된다. 더 나아가 베드로 사도가 잠언에서 인용한 말씀,"개가 그 토하였던 것에 돌아가고 돼지가 그 씻었다가 더러운 구덩이에 도로 누웠다"라고 말씀과 오르바의 선택을 연결짓기 할 수도 있다(벧후 2:22, 잠 26:11 참조). 영적인 관점에서 볼 때 오르바의 선택은 애굽으로 여러 번 뒤돌아가려고 했던 이스라엘 백성의 모습과 닮았다. 이스라엘 백성은 자발적으로 돌아가려고 했고 오르바는 시어머니의 강권함에 굴복하여 돌아간 점에서 차이가 있지만 말이다. 여호와 하나님을 알게 된 이상 어떤 희생이 있더라도 그녀도 룻의 선택을 했어야 했다. 안타깝게도 오르바는 자신의 고국과 가족에게로 돌아가는 것을 선택한다.[24] 그녀의 이름은 룻기 1장에서 끝난다. 마치 롯의 이름이 동굴 에피소드에서 끝난 것처럼 말이다(창 19:30-38 참조).[25] 오르바는 복음을 접한 후에 중도하차하는 이들에게 반면교사의 역할을 한다.

하나님을 붙든 룻

나오미는 오르바가 떠난 후에 룻을 다시 설득한다. "너도 동서를 따라 돌아가라." 그녀는 하나님이 쓰고 계시는 메타내러티브(meta-narrative)[26]를 보지 못한다. 그녀의 눈은 상실의 연속이라는 자신의 내러티브에만 초점을 맞춘다. "그의 신들에게 돌아가나니"라는 표현에서 나오미의 영적 무책임성마저 느껴

---

24) 라우는 모압으로 돌아간 오르바의 모습과 엘리멜렉의 친족인 아무개의 모습에 닮은 점이 있다고 통찰력 있게 주석한다. 오르바는 처음에는 나오미를 기꺼이 따라가려고 했지만 돌아서고 아무개도 처음에는 기꺼이 기업을 무르겠다고 말했지만 룻과 결혼해서 엘리멜렉의 가계를 이어야 한다는 말에는 자신에게 손해가 나는 것을 원하지 않는다고 대답하며 돌아서는 것이 평행적이라고 지적한다. Lau, *Ruth*, 4.
25) 베드로 사도가 룻을 의인이라고 부르며 그의 행동을 언급할 때 그의 이름이 신약에서 한번 다시 등장한다(벧후 2:7-8).
26) 개인의 내러티브를 뛰어넘는 거대 담론을 말한다. '큰 그림'(big picture)과 비슷한 의미를 갖고 있다.

심리학으로 읽는 룻기

진다. 만약 그녀 자신이 고향 사람들에게 수치를 당할 수도 있는 입장을 고려해서 오르바를 모압으로 돌려보낸 것이라면 그녀는 오르바를 영적 사지(死地)로 보낸 셈이다. 그렇다면 나오미는 구원의 방주에 올라탄 오르바에게 하선을 명한 죄를 범한 것이다.

룻은 "어머니를 떠나며"를 "하나님을 떠나며," "어머니를 따르지 말고"를 "여호와를 따르지 말고," "돌아가라"는 말을 "영적으로 언약에서 멀어지라"는 말로 해석한다. 따라서 그녀는 시어머니의 말에 순종하지 않는다. 부모의 말이라도 잘못된 경우에는 하나님께 순종하는 것이 성경적이다. 부모의 말이라고 다 순종해야 하는 것이 아니다. 바울이 잘 지적했듯이 '주 안에서' 순종해야 한다. '주 밖에서' 부모의 말을 순종하는 것은 하나님보다 부모를 더 사랑하는 것이며 이것은 죄다. 신앙인은 부모와 연결짓기 할 때는 연결짓기를 하지만 구별짓기를 해야 할 때 구별짓기 할 수 있어야 한다.

시어머니 나오미의 반복적인 강권에도 불구하고 룻은 추호의 흔들림이나 망설임을 보이지 않는다. 룻은 나오미 뿐 아니라 여호와에 대하여 헌신의 닻과 영혼의 닻을 이미 내린 여인이었다. 따라서 그녀의 배는 물결에 요동하지 않는다. 나오미는 그녀의 결단과 의지를 결코 꺾을 수 없었다.

룻은 이방 여인이며 20대 초반이나 중반의 여성이었지만 사사 시대의 이스라엘의 그 어떤 신앙인보다 하나님의 성품을 잘 내면화한 신앙인이라는 점에서 놀랍다. 그녀는 하나님의 '인자와 신실하심'(love and faithfulness)를 잘 표상(representation)한 인물이었다. 그런 점에서 예수님이 이방인이었던 백부장의 믿음을 보고 "내가 이스라엘에서도 이만한 믿음은 만나보지 못하였노라"(눅7:9)라고 칭찬하신 것과 연결된다. 그리고 이방인으로서 하나님을 경외했던 백부장 고넬료의 모습과도 연결된다. "그가 경건하여 온 집안과 더불어 하나님을 경외하며 백성을 많이 구제하고 하나님께 항상 기도하더니"(행 10:2). 사사 시대에 이방 나라 출신 여인이 본토 백성들보다 더 귀한 신앙인의 모습을 보여주었다는 것은 시사하는 바가 크다. 하나님의 나라는 먼저 된 자가 나중 되고 나중 된 자가 먼저 되는 나라이다. 룻은 하나님의 나라의 역설과 반전을 잘 보여주는 성경 인물이다.

룻은 보이는 시어머니와의 애착 관계보다 보이지 않는 여호와 하나님과의 애착 관계, 즉 여호와 신앙을 더 중요시했기 때문에 나오미를 결코 떠나지 않는다. [27] 그녀의 선택은 효부가

---

27) 라우는 시어머니에 대한 룻의 비범한 충절심을 시어머니와 며느리 사이의 모델로 삼아 그런 관계를 요구하는 것은 본문을 오용하는 것이 될 수 있음을 잘

심리학으로 읽는 룻기

되는 것 보다 훨씬 큰 의미가 있다.

같은 환경에서 여호와 신앙을 접했지만 오르바와 룻의 신앙 수준은 달랐다. 룻의 신앙은 위기 상황과 선택의 기로에서 빛을 발한다. "만일 내가 죽는 일 외에 어머니를 떠나면 여호와께서 내게 벌을 내리시고 더 내리시기를 원하나이다." 룻의 맹세는 목숨을 건 서약이었다.[28] 그녀의 맹세는 "죽으면 죽으리라"라 는 에스더의 헌신과도 연결된다.

"그곳에 나도 죽어 거기 묻힐 것이라"라는 룻의 표현은 사랑 하는 사람에게 할 수 있는 최상의 아름다운 서약이다. 룻은 베

지적한다. 그리고 룻이 나오미에게 보인 충절심이 여호와 하나님에 대한 충 절심에 비해 일차적인 것이었다고 주석한다. Lau, *Ruth*, 107. 표면적으로는 그렇게 보일 수 있지만 필자의 견해로는 룻의 헌신의 기초는 여호와 신앙에 있었다고 본다. 인간의 심리적인 성숙이나 애착 능력은 한계가 있고 좌절이 올 때 무너지기 마련이기 때문이다. 룻도 우리와 성정이 같은 한 인간이었음 을 잊지 말아야 한다. 성경인물을 다룰 때 조심해야 할 것은 특정한 신앙인물 을 이상화하고 그를 모델로 삼으려는 것이다. 물론 바울의 경우 자신이 예수 그리스도를 본받은 것 같이 자신을 본받으라고 권면하기도 했지만 말이다. 좋은 점을 많이 가진 성경인물들의 특성과 자질을 닮고 배우고자 하는 노력 은 긍정적이다. 하지만 그 인물을 이상화하는 것은 성경의 의도가 아님을 잘 인식하는 것이 중요하다. 영거도 룻이 나오미에게 헌신을 약속한 고백을 결 혼식에서 사용하는 것은 우선 보기에는 적합한 것처럼 보이지만 룻기의 본문 맥락에서 볼 때 잘못 사용하는 것이라고 지적한다. Younger, *Judges, Ruth*, 543. 유익한 지적이라고 생각한다.

28) 구약에서는 하나님의 이름을 걸고 맹세하는 것은 모든 논란과 갈등에 마침 표를 찍는 순기능 역할을 했다. 맹세를 오용하며 과용하는 경우가 있었지 만 많은 경우 순기능 역할을 했다.

들레헴에 뼈를 묻을 각오를 하고 하나님 나라를 선택한다. [29]
룻은 여호와 신앙에 '올인'한다. [30] 죽고자 하는 자는 살고 살
고자 하는 자는 죽는다는 십자가의 진리가 룻과 오르바의 삶에
서 발견된다. 오르바는 살기 위해 모압으로 되돌아갔지만 그녀
의 삶은 육체적인 죽음으로 끝난다. 그러나 죽기를 각오하고 베
들레헴으로 간 룻은 하나님의 나라의 백성으로 영원히 살아 있
다. 예수님의 족보에도 기록되어 오늘까지 기억되고 있다. 그녀
에 대한 기억은 비싼 향유 옥합을 깨뜨려 예수님에 대한 전적
인 헌신을 보였던 한 여인에 대한 기억과도 연결된다. "내가 진

---

29) 라우는 룻이 나오미에게 죽음이 그들을 갈라놓을 때까지는 나오미를 떠나지 않
을 것이라고 맹세한 모습을 다윗이 사울과 요나단의 죽음을 애도하여 지은 노
래와 연결한다. "사울과 요나단이 생전에 사랑스럽고 아름다운 자이러니 죽을
때에도 서로 떠나지 아니하였도다"(삼하 1:23). Lau, *Ruth*, 104.
30) 라우는 룻이 나오미에게 언약적인 맹세를 할 때 하나님을 지칭하면서 '엘로
힘'(*Elohim*)이라는 단어 대신 '야웨'(*Yahweh*)를 사용했음을 주목하면서 언
약적인 하나님을 호칭한 것은 이스라엘의 인격적인 하나님을 그녀가 개인적
으로 받아들였음을 보여준다고 주석한다. Lau, *Ruth*, 105. 그리고 룻의 헌
약은 베들레헴 출신 다윗이 압살롬의 반역으로 인하여 피신하는 중에 외국인
출신인 가드 사람 잇대가 다윗에게 보여준 헌약과 많은 부분에서 연결된다고
통찰력 있게 주석한다. Lau, *Ruth*, 106. "그 때에 왕이 가드 사람 잇대에게
이르되 어찌하여 너도 우리와 함께 가느냐 너는 쫓겨난 나그네이니 돌아가서
왕과 함께 네 곳에 있으라 너는 어제 왔고 나는 정처 없이 가니 오늘 어찌 너
를 우리와 함께 떠돌아다니게 하리요 너도 돌아가고 네 동포들도 데려가라
은혜와 진리가 너와 함께 있기를 원하노라 하니라 잇대가 왕에게 대답하여
이르되 여호와의 살아 계심과 내 주 왕의 살아 계심으로 맹세하옵나니 진실
로 내 주 왕께서 어느 곳에 계시든지 사나 죽으나 종도 그곳에 있겠나이다 하
니"(삼하 15:19-21).

심리학으로 읽는 룻기

실로 너희에게 이르노니 온 천하에 어디서든지 복음이 전파되는 곳에는 이 여자가 행한 일도 말하여 그를 기억하리라 하시니라"(막 14:9).

나오미는 룻의 결심이 확고함을 깨닫고 입을 다문다. 룻의 입장에서는 자신의 뜻을 받아들인 나오미에게 속으로 감사했을 것이다. 이제 둘은 '안전한 애착'(secure attachment) 관계임을 서로 재확인한다.

룻과 나오미의 관계는 일반 현실에서는 찾아보기가 쉽지 않은 관계이다. 하나님과 안전한 애착과 헌약 관계를 형성한 이방 여인 룻이 나오미에게 하나님의 헤세드를 무조건적으로 신실하게 베풀었기 때문에 가능했던 관계였다. 룻과 나오미 사이에는 서로에 대한 응어리나 한 같은 정서가 전혀 느껴지지 않는다. 그들은 둘 다 남편을 잃은 과부라는 공통분모를 갖고 있었다. 그들은 각자의 애도 과정을 겪는다. 놀랍게도 이 애도 과정에서 룻에게서는 나오미와 달리 '마라'의 모습이 나타나지 않는다.

룻은 나오미에게 하나님의 헤세드 사랑을 표상하는 '항상성'(constancy)을 가진 대상으로서 기능한다. 우울하고 불안정한 나오미의 내면세계에 일관성 있는 대상관계를 반복적으로 경험시키는 심리치료사로 기능한다. 베들레헴에서 룻은 나이는 비록 어렸지만 며느리의 역할 뿐 아니라 나오미의 부양자, 즉 나오미의 남편 역할까지 한다. 그녀를 보호하며 그녀에게 먹을 것을 공급하는 "좋은 엄마" 역할을 지속적으로 감당한다. 이 헤세드 사랑을 통하여 나오미는 내면세계에서 치료적 경험을 한다. 힘을 얻어 회복된 나오미 또한 룻에게 '품어주는 환경'(holding environment)을 제공하며 그녀가 새 가정을 이룰 수 있도록 길을 인도하는 조력자가 된다.

가족관계는 멍에를 함께 메는 관계

엘리멜렉과 나오미는 모압 행 결정에 멍에를 함께 멘다. 그러나 그들의 모압 행 멍에는 선하지 않았다. 앞에서 언급했듯이 모압인들과 연결짓기 하는 삶은 하나님이 율법에서 명시적으로 금지하신 것이기 때문이다.

엘리멜렉과 나오미가 멍에를 멘 방식과 달리 룻은 시어머니 나오미와 신앙적인 멍에를 기꺼이 멘다. 그녀는 자신과 자신의 삶을 기꺼이 희생한다. 나오미는 강권하면서까지 그녀가 자신과 함께 멍에를 질 필요가 없다면서 거절한다. 그러나 룻은 죽음이 자신과 나오미 사이를 갈라놓을 때까지 그 멍에를 메겠다고 기꺼이 맹세한다. 룻이 기꺼이 멘 멍에는 예수 그리스도가 우리를 대신하여 메신 십자가의 정신이 깃들여 있다. 그녀는 자신의 부모, 형제와 자매, 조국을 다 포기하고 나오미와 멍에를 멘다. 자신의 남아 있는 결혼 기회와 여성으로서 출산의 기회까지 기꺼이 포기한다. 궁극적으로 자신을 위한 삶을 완전히 포기한다. 오로지 나오미를 위하여 자기 십자가를 진다. 놀랍게도 그녀는 시어머니 나오미를 살리고 자신도 영원히 살린다.

룻처럼 예수님께서도 우리의 죄와 심판의 멍에를 대신 지시며 골고다 언덕에서 죽으셨다. 그리고 부활하셔서 우리를 죄와 사망의 권세에서 해방시켜 살리셨다. 승천하시고 하늘 보좌 우편에 좌정하시며 우주 만물을 지금도 다스리신다. 성령을 보내셔서 우리가 천국 문에 이를 때까지 우리 속에 거하시며 동행하게 하신다. 뿐만 아니라 예수님은 오늘도 우리의 짐과 멍에를 대신 지시며 자신에게로 초대하신다. "수고하고 무거운 짐 진 자들아 다 내게로 오라 내가 너희를 쉬게 하리라 나는 마음이 온유하고 겸손하니 나의 멍에를 메고 내게 배우라 그리하면 너희 마음이 쉼을 얻으리니 이는 내 멍에는 쉽고 내 짐은 가벼움이라"(마 11:28-30).

심리학의 관점으로만 룻의 행동을 분석한다면 그녀가 자신의 상실을 극복하지 못한 채 시어머니 나오미와 동반의존적

(codependent) 관계를 맺었다고 해석할 수도 있다. 자기 개별화 (self-differentiation)[31]를 제대로 성취하지 못함으로써 시어머니와 공생관계(symbiotic relationship)를 맺은 미성숙한 여성이라고 볼 수도 있다. 나오미와 일종의 '자아 덩어리'(ego mass)의 일부로서 기능하고 있었다고 그녀를 부정적으로 평가할 수 있다. 그러나 이런 심리학적인 이해는 룻의 전체 삶의 모습 및 성품과 어울리지 않는다. 오히려 그녀는 놀라울 정도의 심리적 성숙과 영적 성숙을 이룬 여성이었다. 그녀가 이삭을 줍는 과정에서 여러 사람들과 관계하는 모습에서 그녀의 지혜로움과 성숙함이 잘 드러난다. 그녀는 동반의존성의 이슈로 남자를 찾거나 결혼 상대를 찾는 행동을 전혀 보이지 않는다. 그녀의 정숙함과 인품은 뭇 베들레헴 사람들에게 인정과 칭찬을 받을 정도였다.

룻은 놀라울 정도의 자기개별화를 이룬 여성이었다. 그녀는 자기와 연결된 시어머니의 삶에 힘을 실어주는 대상이 기꺼

---

31) 자기(self)가 제대로 발달된 사람만이 진정한 의미에서 자기를 낮추며 포기할 수 있다. 예수님은 자기부인(self-denial)의 완전한 모델이시다. 자기개별화가 제대로 되지 않은 사람은 자기가 죽지 않으려고 다른 사람에게 밀착하며 공생한다. 이런 사람은 죽으라고 해도 죽지 못한다. 아니 죽지 않는다. 의존적인 사람은 사랑을 이기적인 유익을 위해 타인에게 관심을 표하며 사랑한다. 이런 사람은 상대방이 긍정적인 피드백을 하거나 고마워하지 않으면 쉽게 분노하며 탈진한다. 사랑을 쉽게 절수하며 상대방을 쉽게 포기한다.

심리학으로 읽는 룻기

이 되기로 맹세하며 실행한다. 그녀는 신본적이며 이타적인 삶을 산다. 나오미의 하나님이 자기의 하나님이 될 것이며 "내가 죽는 일 외에 어머니를 떠나면 여호와께서 내게 벌을 내리시고 더 내리시기를 원하나이다"라고 말하는 결연한 그녀의 모습에서 그녀의 내면 세계에 확립된 여호와 신앙이 잘 나타난다. 엘리멜렉의 가정을 통해 인격적으로 만난 여호와 하나님에 대한 그녀의 신앙은 위기가 왔을 때 힘을 발휘한다. 모압 여인 룻의 신앙은 나오미의 신앙을 뛰어넘는다.

Chapter 3.

베들레헴 성문에서
수치와 직면하기
(1:19-22)

 **제3장**

베들레헴 성문에서
수치와 직면하기 (1:19-22)

19 이에 그 두 사람이 베들레헴까지 갔더라 베들레헴에 이를 때에 온 성읍이
    그들로 말미암아 떠들며 이르기를 이이가 나오미냐 하는지라
20 나오미가 그들에게 이르되 나를 나오미라 부르지 말고 나를 마라라 부르
    라 이는 전능자가 나를 심히 괴롭게 하셨음이니라
21 내가 풍족하게 나갔더니 여호와께서 내게 비어 돌아오게 하셨느니라 여
    호와께서 나를 징벌하셨고 전능자가 나를 괴롭게 하셨거늘 너희가 어찌
    나를 나오미라 부르느냐 하니라
22 나오미가 모압 지방에서 그의 며느리 모압 여인 룻과 함께 돌아왔는데 그
    들이 보리 추수 시작할 때에 베들레헴에 이르렀더라

귀향 여정 중에 동행하신 하나님

나오미와 룻은 베들레헴까지 오는 길을 물어 물어가며 마침
내 도착한다. 오늘날처럼 도로 상황이 좋지 않고 지도나 내비게

이션도 없이 사사기 시대에 여인 두 명이 먼 거리를 걸어서 이동하는 것은 재물의 손해 뿐 아니라 생명의 위협을 감수해야 하는 일이었다. 사용하던 가재도구를 나귀에 싣고 왔는지 아니면 다 정리하고 간단한 짐만 꾸려 돌아왔는지는 알 수 없지만 젊은 여인이 포함된 두 사람의 귀향길은 위험이 곳곳에 도사린 길이었을 것이다. 사사기의 말기에 발생했던 기브아의 성폭행 사건과 같은 일이 일어나지 말라는 법도 없기 때문이다. 돌아오는 길도 앞에서 언급했던 것처럼 적어도 80km를 걸어야 하는 여정이었다. 모압의 국경선을 넘어야 하며 르우벤 지파 땅을 통과해서 요단을 건너 예루살렘을 거쳐야 하는 먼 여정이었다. 남성 세 명이 함께 해서 그나마 안심할 수 있었던 모압행 여정과 달리 베들레헴행 여정은 힘없는 과부 여인 둘만 걷는 위험한 길이었다.

나오미와 룻은 목숨을 걸고 이 길을 걷는다. 그들의 모습은 존 번연이 쓴 〈천로역정〉의 주인공 크리스천이 천국에 도달하는 과정에서 예상하지 못했던 많은 위기를 만나는 것과 크게 다르지 않다. 물론 이 길에서 그들이 어떤 어려움을 겪었는지에 대해서 룻기 저자는 언급하지 않는다. 아마도 크고 작은 어려움도 있었으리라. 중요한 것은 그 두 사람이 무사히 베들레헴 성문에 도달했다는 점이다.[1] 보이지 않는 하나님의 헤세드 은총이 그들의 귀향길에 함께 하셨기 때문이다. "여호와께서 나그네들을 보호하시며 고아와 과부를 붙드신다 (The Lord watches over the alien and sustains the fatherless and the widow)"(시 146:9)라는 말씀 그대로 외국인 되었던 과부 나오미와 외국인인 과부 룻을 하나님이 감찰하시고 지탱해주셨다. 사망의 어두운 골짜기를 통과하는 길에도 하나님의 보이지 않는 막대기와 지팡이가 그들을 위로하고 보호하셨다(시23:4).

나오미와 룻은 불안과 수치심으로 인하여 안전한 방안을 선택하는 신경증적인 대처 방안을 선택하지 않는다. 모압에 정착

---

1) 나오미와 룻의 귀향 여정은 에스라가 귀환하는 백성들과 바벨론에서 출발하여 예루살렘까지 이르는 약 4개월의 귀환길과 연결될 수 있다. 기간의 차이가 있지만 그들의 귀환 길은 위험이 도사린 길이었다는 점에서 공통점이 있다. "이 에스라가 올라왔으니 왕의 제칠년 다섯째 달이라 첫째 달 초하루에 바벨론에서 길을 떠났고 하나님의 선한 손의 도우심을 입어 다섯째 달 초하루에 예루살렘에 이르니라"(스 7:8-9). 바벨론에서 귀환하는 백성들의 여정은 위험을 무릅쓰는 여정이었음을 에스라의 다음 말씀에서 알 수 있다. "그때에 내가 아하와 강가에서 금식을 선포하고 우리 하나님 앞에서 스스로 겸비하여 우리와 우리 어린 아이와 모든 소유를 위하여 평탄한 길을 그에게 간구하였으니 이는 우리가 전에 왕에게 아뢰기를 우리 하나님의 손은 자기를 찾는 모든 자에게 선을 베푸시고 자기를 배반하는 모든 자에게는 권능과 진노를 내리신다 하였으므로 길에서 적군을 막고 우리를 도울 보병과 마병을 왕에게 구하기를 부끄러워 하였음이라 그러므로 우리가 이를 위하여 금식하며 우리 하나님께 간구하였더니 그의 응낙하심을 입었느니라"(스 8:21-23). 에스라와 귀환하는 백성들처럼 귀환을 앞두고 금식은 하지 않았겠지만 룻과 나오미도 안전한 귀향길을 위해 계속 기도하며 걸었으리라.

하는 넓은 길을 걷는 대신 베들레헴행 좁은 길을 걷는 것을 선택한다. 두렵고 고통스럽지만 성숙으로 나아가는 길을 선택한 그들에게 결혼과 출산과 양육이라는 생명의 미래 내러티브가 기다리고 있었다.

빈손 귀향

나오미 자신이 베들레헴 사람들에게 했던 말처럼 그녀는 '빈손으로'(empty-handed) 귀향한다. 흉년이었지만 그녀는 모압으로 떠날 때 남편과 두 아들이 있는 '풍족한' 상태였다. 그러나 돌아오는 길에 그들은 더 이상 동행하지 못한다. 그녀의 손을 잡아줄 남편이나 아들들을 모압 땅에 묻고 나오미는 빈손, 허전한 손이 되어 마침내 돌아온다.

나오미의 모습은 아브라함의 조카 롯이 풍족한 상태에서 소돔으로 갔지만 나올 때에는 완전히 빈손으로 나온 것과 비슷하다. 그리고 그녀의 귀향 모습은 야곱이 빈손으로 집을 떠나지만 귀향할 때에는 아내와 자식들, 그리고 많은 재산을 가지고 금의환향하는 모습과 극명한 대조를 이룬다.

엘리멜렉과 나오미는 롯과 그의 아내가 소돔에 입성한 것과

심리학으로 읽는 룻기

비슷한 동기로 모압으로 간다. 롯과 그의 아내는 눈에 보이는 것, 즉 여호와의 동산처럼 보일 정도로 목초지와 물이 풍부해서 목축업에 있어서는 성공이 확실히 보장된 지역을 선택한다. 그러나 그들은 빈손으로 소돔을 빠져나온다. 그들은 천사의 강권에 의해 마지못해 소돔을 탈출하지만 가야 할 아브라함의 집으로 귀향하지 않는다. 그러나 나오미는 빈손이 되었을 때 자발적으로 귀향한다. 그리고 가야할 베들레헴으로 돌아간다.

남편과 두 아들을 잃은 것이 나오미가 베들레헴으로 돌아가도록 힘을 실어주는 디딤돌 역할을 한다. 모압에는 그들의 무덤 외에는 나오미에게 의미 있는 것이 아무 것도 없었다. 남편과 두 아들들이 죽지 않았다면 적응된 모압 생활로 인해 나오미는 떠나지 못했을 것이다. 죽음과 상실이라는 고난이 그녀에게 베들레헴으로의 귀향을 촉구하는 디딤돌이 된다.

롯이 소돔에서 괴로워하면서도 떠나지 못했던 이유는 그와 그의 가족이 소돔에 이미 뿌리를 깊이 내렸기 때문이었다. 재산과 권력, 정혼한 예비 사위들과 예비 사돈 식구들과 맺은 애착 관계를 포기하고 소돔을 떠난다는 것은 마치 팔 하나를 자르거나 눈 하나를 뽑고 천국에 들어가는 것만큼이나 어렵고 고통스러운 일이었다.

롯은 나오미와 대조적으로 빈손이 되었을 때 아브라함의 집으로 귀환하지 않는다. 두 딸과 함께 가장 안전한 길을 선택한다. 그것은 외부 세계와 차단된 동굴에서 사는 삶이었다.[2] 물론 하나님의 구속사에서 그의 이야기와 모압과 암몬의 이야기는 반면교사로서의 역할을 하도록 하는 하나님의 섭리가 있지만 말이다. 롯의 이야기는 동굴에서 종결된다. 동굴은 터널과 달리 출구가 없다. 롯은 일시적인 안전을 보장해주는 자폐적인 삶을 선택한다. 두 딸들은 상식적으로도 금지된 성적 바운더리를 넘어서까지 인본적이며 악한 방법으로 자손을 얻는다. 그 아들들이 암몬과 모압 자손의 조상이 된다.

빈손이 되는 경험, 광야의 경험은 천국에 들어가는 필수 관문이다. 예외가 없다. 손에 무엇인가를 꽉 잡은 채로는 '장망성'[3]을 빠져 나올 수 없다. 나가려고 하지도 않을 것이다. 앞에서 여러 번 언급했듯이 롯은 불심판이 오기 전에는 소돔에서 벗어나지 못한다. 롯은 매일 괴로워하면서도 소돔을 떠나지

---

2) 필자의 책 〈성경인물과 심리분석〉(생명의 말씀사,2005)에서 롯의 심리를 설명하면서 외상후스트레스장애 가능성에 대해서 언급한 바 있다. 그 장애를 가진 사람으로서 그가 보인 행동은 이해가 된다. 그러나 그런 상황에서도 그는 여호와 신앙을 의식화 하고 활성화 해서 힘든 증상을 극복하고 아브라함의 집으로 갔어야 했다. 갔다면 롯의 미래 이야기는 달라졌으리라. 술이 취해 딸들과 동침하여 자손을 잇는 역사도 없었으리라.

3) 존 번연의 〈천로역정〉에서 주인공 크리스천이 한 때 살았던 '장차 망할 성'의 줄임말이다.

심리학으로 읽는 롯기

못한다. 잘라내야 할 것, 포기해야 할 것이 너무 많기 때문이다. 그럼에도 불구하고 롯의 가족은 아브라함의 강청과 하나님의 은혜를 입어 소돔에서 구원을 받는다. 그러나 그때 그는 빈손으로 나올 수 밖에 없었다. 그러나 롯의 아내는 미련과 탐심, 불신앙 때문에 천사의 경고를 무시하고 뒤를 돌아보다가 소금 기둥으로 변한다. 롯과 그의 아내의 모습이 나와 당신의 모습에도 있다는 사실을 부인하기 어렵다. 그들은 나와 당신에게 유익한 반면교사이다. 4)

  나오미는 여호와 하나님께 예배하고 제사할 수 있는 처소가 없는 땅에서 최소한 십 년의 세월을 보내야 했다. 먹는 것은 해결되는 환경에 살았지만 그녀는 영적 기근 가운데 긴 세월을 보내야 했다. 그녀는 미국 이민자들의 꿈인 소위 '아메리칸 드

---

4) 엘리멜렉과 나오미는 이방 땅에서 적어도 그들의 며느리들에게 신앙적으로 선한 영향을 끼쳤다는 점에서 롯과 그의 아내와 대조적이다. 롯의 경우 두 딸이 정혼한 약혼자들은 롯과 그의 아내로부터 신앙적인 영향을 전혀 받지 않았다. 그래서 예비 장인 롯이 그들에게 소돔은 하나님의 심판으로 당장 멸망 당할 것이기 때문에 곧 탈출해야 한다고 말했을 때 그들은 그의 말을 농담으로 여긴다. 그러나 이방인이었던 롯은 비록 짧은 결혼생활이었지만 그 기간을 통해 놀라운 수준의 여호와 신앙으로 무장된다. 엘리멜렉과 룻의 남편 말론은 비록 죽지만 그들은 룻에게 신앙 유산을 물려줌으로써 그들은 룻의 정신세계에 '내부 대상'으로서 살아 있다. 롯은 소금 기둥으로 변해버린 아내의 죽음으로 인해 절망하고 다시 일어서지 못한다. 그러나 나오미는 남편과 두 아들의 죽음으로 인해 절망하지 않는다. 마침내 베들레헴으로 귀환하고 신앙적 유산을 회복한다.

림'과 같은 삶을 누렸을 수도 있다. 그러나 롯이 소돔에서 경험했듯이 그녀는 모압에서 그들이 보고 듣는 것으로 인해 매일 마음에 고통을 겪으며 스트레스를 받았을 것이다. 베드로 사도는 롯의 고통을 다음과 같이 잘 묘사한다. "무법한 자들의 음란한 행실로 말미암아 고통 당하는 의로운 롯을 건지셨으니 이는 이 의인이 그들 중에 거하여 날마다 저 불법한 행실을 보고 들음으로 그 의로운 심령이 상함이라"(벤후 2:7-8). 모압이 어떤 땅이었던가? 엘리멜렉과 나오미가 살았던 시대에서 불과 수십 년 전에 이스라엘이 광야 생활할 때 모압 여인들이 이스라엘 백성들을 우상숭배하도록 유혹하지 않았던가?그로 인하여 수만 명의 이스라엘 백성들이 하나님의 진노로 인하여 죽임을 당하지 않았던가? 모압인들은 바알 신과 그모스신을 비롯한 여러 우상들을 섬기며 음란한 종교적 행위를 하는 백성들이었다. 따라서 그런 모압 땅에서 나오미가 여호와 신앙을 지키며 살려고 했다면 그들의 마음에서 끊임없는 고통과 갈등을 겪어야 했을 것이다.

나오미의 내러티브는 탕자의 비유에 나오는 내러티브와도 잘 연결된다. 아버지에게 유산을 요구해서 그 재산을 정리해서 탕자는 먼 나라로 떠난다. 그곳에서 그는 마침내 빈손 신세로 전락한다. 오늘날로 말하면 카지노에서 전 재산을 날려 밑바닥에 떨어진 사람처럼 말이다. 그는 이방 나라에서 유대인들이 부정하게 여기는 돼지를 치는 일을 하면서 연명한다. 그는 돼지나 별반 다름 없는 신세가 된다. 실제로 돼지가 먹는 열매로 주린 배를 채우기까지 한다. 그러나 탕자는 마침내 '정신이 들었을 때' 아버지의 집을 기억해낸다. 그는 자신의 삶을 포기한 채 연명 수준의 삶을 살다 죽을 수도 있었다. 그러나 그는 자존심을 완전히 꺾고 아버지의 집을 향해 발걸음을 옮기는 결단을 한다. 그는 회복과 치유와 구원의 길을 선택한다.

빈손이 되는 것은 역설적으로 복이며 은총이다. 여전히 우리의 손에 무엇인가 의존할 것이 남아 있으면 하나님을 찾지 않는다. 애착하며 미련이 남는 그 무엇이 남아 있는 한 아버지의 집으로 돌아가지 않는다. 고통과 외로움과 슬픔을 잠시라도 잊게 해주는 것들이 가는 길을 막기 때문이다. 중독의 역동성이 그렇듯이 뒤로 미끌어지게 하기 때문이다. 그런 점에서 빈손이 되는 것, 실패하는 것, 밑바닥을 치는 것, 절망하는 것은 하나님의 자녀에게는 저주가 아니라 은총이다. 하나님의 징계는 은총이자 사랑의 표현이다. 진정한 치유와 회복과 구원으로 이끄는 초대장이다.

'빈손' 경험은 하나님의 초대장

'빈손' 경험은 신앙인의 여정에 서 반드시 필요하다. 잘못 애착했던 것, 의지하고 의존했던 것, 매였던 것, 그리고 중독되었던 것으로부터 자유롭게 되는 치유적 경험이다. 더 이상 잃을 것이 없이 밑바닥을 치는 경험이다. 팔을 하나 잃거나 눈을 하나 잃는 경험, 아니 두 팔과 두 눈을 다 잃는 경험이다. 그러나 거기에서 구원과 치유의 길이 열린다. 옛 자기가 죽고, 옛 자기의 옷을 벗고 새 자기의 삶을 살도록 하는 초대장이 빈손 경험이다. 주변 사람들로부터 버림받고 소외되는 경험이 은총일 수 있다. 풍족하게 누렸던 돈과 명예와 건강을 잃는 것이 은총이 될 수 있다. 심지어 가족마저 잃는 것은 진정한 의미에서 예수 그리스도 안에서 새 삶을 살 수 있게 부르시는 하나님의 초대장이 될 수 있다.

빈손 경험은 노숙자의 삶과 유사하다. 노숙자는 더 이상 잃을 것이 없다. 그러나 대부분의 노숙자들은 노숙 생활 중에도 여전히 자신이 가진 짐과 자신의 영역을 지키려고 한다. 이것은 어리석은 일이다. 노숙자가 되었다는 것은 이전의 자신의 삶의 모든 것을 잃었다는 것을 의미한다. 더 이상 잃을 것이 없는 삶의 자리는 새롭게 시작할 수 있는 기회가 될 수 있다. 탕자는 돼지가 먹는 쥐엄 열매를 먹는 수준으로 그의 삶이 바닥을 쳤을 때 비로소 '제 정신이 든다.' 그때 그는 일어나서 아버지의 집으로 돌아간다.

노숙자가 된다는 것은 이 세상에서는 더 이상 소망이 없음을 의미한다. 거지 나사로처럼 노숙자가 되더라도 예수 그리스도를 믿는 자가 된다면 풍족한 꽃돼지의 삶을 살다가 영원한 지옥 불에 떨어지는 것보다 비교할 수 없을 만큼 낫다.

이이가 나오미나

룻과 함께 귀향하는 나오미는 수치와 두려움의 상황을 용기 있게 직면한다. 마침내 베들레헴 성문에 그녀의 발을 들여놓는다.[5] 도중에 모압으로 되돌아갈 수 있었지만 그녀는 계속 앞으로 나아간다.

---

5) 라우는 나오미가 고향으로의 귀환에 대해서 마음 속에서 리허설을 여러번 했다고 하더라도 익숙한 풍경과 사람들 소리 그리고 익숙한 냄새에 대해서 충분히 예상하지 못했을 것이라고 감수성 있게 주석한다. 익숙한 장소와 사람들이 그녀에게 홍수처럼 밀려드는 감정에 방아쇠를 당겼을 것이며 떠날 때는 풍족했던 것과 비교해볼 때 그녀는 성문에서 말로 표현하기가 힘든 경험을 했을 것이라고 덧붙인다. Lau, *Ruth*, 111.

나오미의 행보처럼 우리도 천성 문에 우리의 발이 닿을 때까지 포기하지 않고 계속 앞으로 한 발이라도 내딛는 것이 하나님이 우리를 향한 뜻이다. 하나님도 우리를 결코 포기하지 않고 끝까지 붙드시고 마침내 천성 문에 이르게 하실 것이다. 하나님은 우리가 미처 생각하지 못했던 길로 인도하시며 반드시 슬픔의 베옷을 벗기시고 기쁨의 화관을 씌워주실 것이다.

나오미는 좌절하거나 포기하지 않는다. 모압에서 조용히 죽는 길을 택하지 않는다. 상실로 인해 만성적인 우울증에 빠지거나 자살하는 길을 선택하지 않는다. 비록 우울하지만 뒤로 퇴행하거나 모압의 삶에 안주하지 않는다. 그녀는 마침내 베들레헴에 돌아왔다!

오늘날도 나오미와 같은 상실이나 트라우마를 겪은 이들이 많이 있다. 안타깝게도 위기상황에서 절망하거나 자살하는 이들이 적지 않다. 예수를 믿는 이들 중에도 자살하는 이들이 있다. 당신에게 꼭 말해주고 싶은 말이 있다. "Never, never give up!" 하나님 안에는 어떤 상황에서도 희망이 있다. 보이지 않는 답, 숨어 있는 답이 반드시 있다. 예수 그리스도 안에는 반드시 희망이 있다. 6)

---

6) 사도 바울은 자신의 힘들었던 좌절과 낙담 경험을 어떻게 극복할 수 있는지를 다음과 같이 고백한다. "형제들아 우리가 아시아에서 당한 환난을 너희가 모르

심리학으로 읽는 룻기

나오미와 룻이 베들레헴에 도착했을 때 온 마을에 소동이 일어난다.[7] 마치 동방에서 온 박사들이 이스라엘 왕이 어디에서 태어났는지 헤롯 왕에게 물었을 때 온 예루살렘이 소동한 것처럼 말이다. 나오미의 출현, 그것도 10년만의 출현은 베들레헴 사람들에게 충격을 준다. 엘리멜렉과 두 아들은 보이지 않고 나오미와 이국적인 이목구비를 가진 낯선 룻을 보았을 때 그들은 충격을 받는다.[8] 십 년의 세월이 가져다준 고난과 고통으로 인하여 알아보기 힘들 정도의 얼굴로 변해버린 나오미를 보고 "이이가 나오미냐(Can this be Naomi)?"라고 서로 반문한다. 현실을 부인하고 싶을 정도로 마을 사람들은 큰 충격을 받는다.[9]

기를 원하지 아니하노니 힘에 겹도록 심한 고난을 당하여 살 소망까지 끊어지고 우리는 우리 자신이 사형 선고를 받은 줄 알았으니 이는 우리로 자기를 의지하지 말고 오직 죽은 자를 다시 살리시는 하나님만 의지하게 하심이라"(고후 1:8-9).

7) 나오미는 베들레헴 성문 가까이 왔을 때 사람들의 왕래가 적은 시간을 택하고자 했을 것 이다. 자랑스러운 금의환향이 아니라 수치스러운 귀향이었기 때문이다. 마치 마을 사람들과의 접촉을 피하기 위해 햇빛이 뜨거운 정오에 물 길으러 왔던 사마리아 여인처럼 동네 사람들의 눈을 피해 성문으로 들어가고자 했을 것이다. 한 명이라도 나오미를 알아보았다면 그 소식은 금방 동네에 퍼졌을 것이고 온 동네 사람들이 나오미를 보기 위해 성문에 모여들었으리라.

8) 라우는 십년의 세월과 고난으로 인해 실제 나이보다 더 늙어버린 나오미의 얼굴 뿐 아니라 모압 여인 룻의 이국적인 모습과 그들의 모압풍의 옷차림으로 인해서도 마을 사람들이 강한 호기심을 가졌을 것이라고 통찰력 있게 주석한다. Lau, *Ruth*, 110.

9) 라우는 "이이가 나오미냐"라는 반응에는 나오미가 돌아왔음에 대한 반가움의 정서도 묻어난다고 주석한다. 일부는 힘들 때 고향을 떠난 것에 대한 섭섭함과

나오미 곁에 있는 모압 여인, 그것도 젊은 여인을 보았을 때 동네 사람들은 호기심 반, 경계심 반, 심지어 두려움까지 느꼈으리라. 왜냐하면 바알브올 사건의 트라우마가 이스라엘 백성들의 '집단 무의식'(collective unconsciousness)[10]에 자리 잡고 있었기 때문이다. 모압 여자가 베들레헴 유다 지파 공동체에 들어오는 것은 긴장과 두려움을 야기하는 것이었으리라.[11] 아마도 베들레헴 장로들이 성문에서 이방인 룻을 공동체에 수용하는 여부를 두고 진지하게 토의했을 수도 있다. 룻기 저자는 이 가능성에 대해서 침묵한다.

나오미의 첫 마디는 "나를 나오미라 부르지 말라"였다. 그녀는 자신을 "마라라 불러다오"라고 덧붙인다. 남편 잃은 과부, 두 아들 마저 잃은 한 많은 여인에 지나지 않는다는 의미였

분노의 감정도 느꼈을 것이라고 본다. 그리고 그녀의 초췌한 모습에 대한 충격감이 아마도 가장 우세한 정서였을 것이라고 덧붙인다. Lau, *Ruth*, 110-111. 여러 감정이 교차하는 복합적인 반응이었을 것이다.

10) 분석심리학자 칼 융(Carl Jung)의 핵심 용어 중의 하나이다. 인류에게 보편적으로 전승된 선(先)기억과 선경험들이 저장된 정신구조 영역을 의미한다.

11) 라우는 룻기의 저술 시기에 대해서 크게 유다 왕국시대로 보는 견해와 포로기 이후 시대로 보는 견해로 나눌 수 있다고 말한다. 그리고 다윗과 연결된 내러티브로 보자면 왕국시대가 더 가능성이 크지만 외국인을 이스라엘 공동체에 받아들인 주제로 본다면 포로기이후 시대도 가능할 것이라고 주석한다. Lau, *Ruth*, 19-20.

다. 그녀 스스로 명명한 새 이름은 '마라'(bitter)였다.[12] 나오미와 마라의 의미는 정반대이다. 쾌활하던 삶이 쓴 삶으로 변했다는 것이다. 그녀는 "너희가 어찌 나를 나오미라 부르느냐"라고 한번 더 말한다. 그녀의 가시 돋힌 마음이 드러나는 말이다. 동네 사람들은 그녀를 무엇이라고 위로해야 할지 몰랐으리라. 이렇게 반응하는 그녀에게 설령 어떤 말로 위로한들 전혀 도움이 되지 않았을 것이다. 이럴 경우 욥의 친구들이 욥의 상태를 보고 보였던 첫 반응처럼 아무 말도 하지 않고 함께 우는 것이 그나마 위로가 될 것이다.

나오미는 의식하지 못했겠지만 자신의 이름을 마라라고 명명했을 때 룻기 저자는 하나님이 그녀의 삶을 단물(sweet water)로 변화시키실 것을 암시한다. 고난의 이야기는 쓰디쓴 이야기이다. 그러나 하나님이 역사하시면, 십자가가 개입하면 단 이야기로 바뀔 수 있다. 참으로 여호와 하나님은 역전의 하나님이시다.

---

12) 광야에 들어와서 이스라엘 백성들이 목이 말라 고통스러워 했을 때 발견한 물이 마라였다. 그 물은 써서 먹을 수 없는 사망의 물이었다. 놀랍게도 마라의 쓴 물은 하나님이 명하신 나뭇가지를 물에 던졌을 때 단 물로 바뀐다. 기적이 일어난 것이다. 라우는 나오미가 자신의 이름을 마라로 명명한 것은 동네 사람들 앞에서 체면을 잃은 자신의 모습과 스스로 자신을 가치절하하는 수치심을 표현한 것이라고 주석한다. Lau, *Ruth*, 112.

나오미는 "전능자가 자신의 삶을 매우 쓰게(very bitter) 하게 했다"고 말한다. 그녀는 자신이 재수 없어 재앙을 당한 것이 아니라는 점을 분명히 밝힌다. 그녀는 자신의 삶을 하나님과 연결짓기 해서 해석한다. 동시에 자신의 잘못으로 인한 결과에 대해서 하나님을 탓하는 듯한 원망 섞인 감정을 드러낸다.[13] 그리고 하나님의 말씀을 어기고 모압이라는 금지된 바운더리를 넘었던 자기 가족에 대한 하나님의 징계에 대하여 그녀가 느꼈던 수치심과 죄책감을 드러낸다.

나오미는 여호와 대신 전능자(the Almighty)라는 표현을 사용한다. 하나님의 주권과 섭리를 인정하는 의미에서 이 호칭을 사용한다. 비록 그녀의 삶은 산산이 부서지고 쓰라리지만 하나님이 자신의 삶의 왕이며 주관자임을 고백한다.[14] 그녀는 "왕이 없었으므로 각자 자기 소견에 좋은대로 행했던" 시대 정신 속에서 여호와 하나님이 왕이심을 고백한다. 소견에 좋은대로

---

13) 라우는 나오미의 애가(lament)를 욥의 애가와 연결시키면서 성도의 삶에서 애가가 믿음의 부족으로부터 나온 것이 아니라 믿음의 표현이 될 수 있다고 잘 주석한다. Lau, *Ruth*, 118. 느끼는 감정을 솔직하게 인정하는 것은 관계의 회복과 치료에 필수적이다. 부정적인 감정을 억압하면 하나님과의 관계에서 친밀감을 제대로 경험하기 어렵다.

14) 몇년 전에 소천한 기독심리학자이자 영적지도자였던 래리 크랩(Larry Crabb)은 룻기를 토대로 *Shattered Dreams* (Water Book, 2010)라는 책을 저술했다. 책 제목처럼 나오미의 삶은 산산이 부서진 그릇과 같은 삶이었다.

선택한 곳이 세 남자의 매장지가 되는 결과를 가져왔음을 인정한다.

나오미는 자신의 이전 모습에 대해 "풍족한 상태에서 나갔다"라고 표현한다. 나오미는 마치 탕자의 비유에 나오는 둘째 아들 모습과 연결된다. 아버지의 유산을 받아 먼 나라로 떠났지만 결국 빈손이 되어 돼지의 먹이인 쥐엄 열매를 먹는 비참한 신세가 된 탕자의 모습과 연결된다. 탕자가 아버지 집에 돌아오고, 나오미는 떡집에, 고향에 돌아왔다는 것이 중요하고 의미가 있다.

"여호와께서 나를 비어 돌아오게 하셨다"라고 나오미는 말한다. 그러나 빈손으로라도 돌아온다면 빈손이 되는 것이 은혜이다. 빈손으로 돌아온다는 것은 수치스럽다. 그럼에도 불구하고 아버지 집에, 떡집에 돌아가면 회복과 치유가 있다.

감사하게도 마을 사람들은 나오미를 환영한다. 혹처럼 달고 온 모압 여인 룻에게도 환대를 베푼다. 모압인에 대한 경계심이나 분노 대신 긍휼과 헤세드 사랑으로 대우한다. 보이지 않는 하나님이 동네 사람들의 마음에도 간섭하셔서 나오미와 룻의 염려와 불안을 눈 녹듯이 사라지게 하신다.

마라가 아니라 여전히 나오미

"왜 나를 나오미라고 부르느냐"라고 반문하는 나오미의 말에 방어적이며 공격적인 감정이 묻어난다. 그 말 앞에 "나오미라 부르지 말아다오"라고 하며 "마라라고 불러 다오"라고 말한 것으로도 충분한데 이같이 덧붙인 것이다. 왜? 라는 질문에는 공격성이 담길 때가 종종 있다. 그녀의 날선 반응에 마을 사람들은 난처했으리라. 수십 년 불렀던 나오미라는 이름이 익숙한데 좋은 의미도 아닌 이름인 '마라'라고 부른다면 그것은 나오미를 오히려 조롱하는 것이기 때문이다. 나오미라고 부를 수도 없고 마라라고도 부를 수 없게 하는 이중구속적인 메세지가 나오미의 반응에 담겨 있다.

환경이 변해도 하나님 앞에서는 나오미는 여전히 나오미이다. 남편을 잃고 두 아들을 잃고 재산마저 다 잃었더라도 여전히 그녀는 '나오미'이다. 탕자의 경우, 그는 아버지에게 자신이 더 이상 아버지의 아들이라 칭함을 받지 못하겠으니 '품꾼'의 하나로 여겨달라고 말한다. 그러나 아버지는 온갖 냄새에 찌들어 돌아온 탕자를 "내 사랑하는 아들"이라고 부른다.

무조건적인 사랑은 하나님과 인간 사이 뿐 아니라, 인간과 인간 사이에도 필요하다. 자식이 아무리 힘들게 해도 자식은 자

심리학으로 읽는 룻기

식이다. 법적으로 호적에서 지운다고 해도 여전히 자식이다. 동일한 방식으로, 베들레헴 동네 사람들에게 나오미는 여전히 나오미여야 한다. 빈손이 되었다고 '마라'라고 부른다면 그것은 모욕이다. 이것이 복음의 원리이다. 비록 죄인이지만 예수 그리스도를 통하여 아버지 하나님께 가면 하나님의 아들, 하나님의 딸이라 기꺼이 부르신다. 심지어 예수님은 자신을 우리의 형제, 그리고 우리의 친구라고 자칭하신다.

세상은 환경과 조건이 바뀌면 호칭이 달라진다. 현직에서 물러나면 더 이상 그 호칭으로 부르지 않는 경우가 대부분이다. 종종 퇴역한 장군을 '장군님' 또는 퇴임한 대통령을 '대통령님'이라고 부르기도 한다. 그러나 대부분의 경우 사람들은 이전 호칭을 부르지 않는다. 조건이 바뀌었기 때문이다.

그러나 하나님이 자기 자녀를 부르시는 호칭은 절대 바뀌지 않는다. 하나님은 믿고 거듭난 자기 자녀에게 '구원의 확증'(assurance of salvation)을 하신다. 끝까지 우리를 의인이라 칭하신다. 그의 칭의는 변함이 없다. 비록 우리가 쓰러지고 넘어지더라도 말이다. 조건적인 사랑에 익숙한 우리에게 하나님의 무조건적인 사랑은 어색할 때가 많다. 어색하더라도 하나님의 말씀이 그렇다고 하면 '아멘'으로 받아들여야 한다. 아멘으로 응답하다 보면 하나님의 무조건적인 사랑을 맛보아 알게 된다. 그러다보면 조금씩 조금씩 무조건적인 사랑을 할 수 있는 힘이 생기는 것을 경험할 수 있다.

나오미는 '여호와'와 '전능자'를 주어로 사용하며 같은 의미의 말을 두 문장으로 반복한다. 자신의 쓰라린 감정을 강조하기 위해서였다. "The Lord has afflicted *me*." "The Almighty has brought misfortune upon *me*." 우리의 문화에서 나를 지칭할 때에 '우리'라는 표현을 자주 쓴다. 확대 가족 중심적인 중동 문화권 속에서 나오미는 룻을 포함해서 '우리'라는 표현을 쓰지 않고 굳이 '나'라고 표현한다. 그녀의 일인칭 단수형 표현에서 며느리 룻의 고통은 별 아랑곳하지 않고 그녀 자신의 아픔에만 몰두해 있는 모습이 엿보인다.[15] 위기 가운데 있는 사람들이 종종 '터널 비전'(tunnel vision)을 갖게 되어 일부만 강조해서 인식하고(심리학에서는 이것을 '전경'(foreground)이라고 부른다) 가장 가까이 있는 사람들조차 '배경'(background)으로 인식하는 경우가 있다. 나오미의 일인칭 표현에서 그런 인식이 드러난다. 무의식적이었겠지만 나오미는 자신 옆에서 어색하게 서 있는 며느리 룻의 감정과 입장과 존재를 염두에 둘 만한

---

15) 영거는 나오미의 '자기 몰입'(self-absorption)이 그녀의 성품이 이기적이어서가 아니라 고통을 겪는 사람들이 보일 수 있는 현상으로 이해한다. Younger, *Judges, Ruth*, 543. 필자도 그의 의견에 동의한다.

여유가 없었던 것이다. 상실한 사람의 특징이기도 한 자기연민과 자기중심성이 나오미에게서 잘 드러난다.[16) 그동안 눌려 있던 감정들이 마을 사람들을 보자 봇물 터지듯이 터졌기 때문이리라.

룻은 나오미와 동네 사람들의 대화에 한마디도 끼어들지 못한다. 대화의 주제가 되지도 못한다. 룻도 남편을 잃고 많이 힘들었지만 그럼에도 불구하고 그녀가 시어머니와 끝까지 동행하길 원해서, 그리고 여호와 신앙을 가진 백성들과 함께 살기 위해서 시어머니와 같이 왔다고 나오미가 룻을 소개해주었더라면 룻은 덜 외로웠으리라. 아마도 그렇게 했는지도 모른다. 그러나 본문은 그 부분에 대해서는 언급하지 않는다. 룻은 어색함 속에서도 침묵을 지킨다. 어색하고 불안하면 대화에 끼어들기 쉬운데 룻은 그렇게 하지 않는다. 룻의 심리적 성숙도를 여기에서도 엿볼 수 있다.

룻은 시어머니의 말에 대해서 상처를 받거나 섭섭하게 여기는 감정을 전혀 드러내지 않는다. 나오미의 심정을 잘 공감했기 때문이었으리라. 룻은 돌아가라는 나오미의 말에 대해서만 분

---

16) 라우도 필자의 견해와 같이 이 사실을 그의 주석에서 지적한다. 더 나아가 그는 나오미가 사람들의 관심이 며느리에게 쏠리는 보호하기 위해서 일인칭 단수 화법으로 말했을 수도 있다고 통찰력 있게 덧붙인다. Lau, *Ruth*, 115.

명히 자신의 뜻을 주장하며 관철한다. 그 외에는 룻기 내내 시어머니의 주도성에 자신의 뜻을 맡기고 순종한다. 시어머니 나오미를 더 지혜롭게 여기고 권위를 존중한 것이다. 실제로 나오미가 베들레헴 생활에 대해서 익숙하기도 했지만 말이다.

생사화복을 주관하시는 하나님

나오미에게 닥쳐온 일시적인 불행과 슬픔은(룻의 불행과 슬픔도 포함해서) 하나님의 섭리 속에서는 참 기쁨과 은총으로 가는 수단과 방법으로 화학적으로 변화한다. 마치 마라의 물이 단 물로 바뀌었던 것처럼 말이다. 나오미의 불행은 의미가 있었다. 그녀만 그런 것이 아니다. 믿는 자들은 자신의 '모든 일에서'(in everything) 하나님이 선으로 빚으실 수 있는 전능하시며 선하신 분이심을 믿어야 한다. 이 약속의 말씀을 붙잡으면 어떤 상황에서도 소망을 견지할 수 있다.

나오미의 불행 이야기는 요셉의 불행 이야기와도 연결된다. 형들의 공모와 배신으로 17세의 나이에 노예로 팔려 애굽에서 종살이를 한 요셉의 삶의 전반부 이야기는 인간적으로 볼 때 불공평 이야기였다. 그는 아버지 집에서 채색 옷을 입고 아버지의 총애를 받는 환경을 완전히 상실한다. 상상하지도 못했던 노예의 신분으로 바뀐 그의 삶의 이야기는 불행과 재수 없음의 이야기였다. 그러나 그 이야기는 그의 가족을 심각한 가뭄에서 구원하며 장차 이스라엘 국가를 태동시키는 하나님만 알고 있는 섭리적 비밀 이야기의 서곡이었다. 바로의 꿈을 해몽하는 것을 계기로 30세의 나이에 마침내 옥에서 풀려나기까지 그는 적어도 13년의 세월을 고통스럽게 보내야 했다. 불행 중에도 하나님의 임재와 인도를 체험하는 은혜를 누렸지만 말이다.

일시적으로 고난 당하는 것이 슬퍼도 장기적으로는 그 슬픔을 유익하게 빚으시는 하나님의 주권성과 능력을 신뢰해도 된다. 손해보지 않는다. 영원한 하나님이 살아계시며 역사하신다. "귀를 지으신 자가 (어찌) 듣지 아니하시랴 눈을 만드신 이가 (어찌) 보지 아니하시랴"(시 94:9)고 하나님께서 당신을 다독이신다.

나오미의 현재의 불평과 슬픔은 미래의 웃음소리로 바뀌었다는 것을 우리는 알고 있다. 나오미의 이야기의 결말을 이미 알고 있기 때문이다. 그러나 고난 상황에서는 부정적인 감정에 휩싸이기 쉬운 것이 우리의 현실이다. 고통 중에 있는 이들을 볼 때 그들의 심정을 이해하고 공감할 필요가 있다.

나오미의 상실 내러티브는 손자 오벳을 품에 안는 새로운 이야기로 바뀐다. 오벳을 품에 안고 키울 때 남편 생각, 아들들 생각이 더 났으리라. 새로운 기쁨이 이전의 고통스러웠던 기억을 완전히 지우지는 못하기 때문이다. 나오미는 오늘을 살아가는 우리에게 어떤 어려움 속에서도 절망하지 말고 하나님을 신뢰하며 기다리면 우리의 이해력을 훨씬 뛰어넘는 하나님의 평강과 인도하심이 분명히 있다고 역설한다. "나도 그때는 그것으로 끝인 줄 알았어요. 그런데 살아보니 끝이라고 생각했던 시점이 새로운 시작이었더라구요. 하나님이 살아계셔요. 하나님이 보고 계셔요. 하나님이 듣고 계셔요. 하나님이 주관하고 계셔요. 끝이라고 생각해서 포기하지 말고 일어나요. 넘어지더라도 괜찮아요. 또 일어나면 되니까요."

룻과 보아스의 섭리적 조우
(2:1-23)

제4장

룻과 보아스의
섭리적 조우(2:1-23)

1   나오미의 남편 엘리멜렉의 친족으로 유력한 자가 있으니 그의 이름은 보
    아스더라

2   모압 여인 룻이 나오미에게 이르되 원하건대 내가 밭으로 가서 내가 누구
    에게 은혜를 입으면 그를 따라서 이삭을 줍겠나이다 하니 나오미가 이르
    되 내 딸아 갈지어다 하매

3   룻이 가서 베는 자를 따라 밭에서 이삭을 줍는데 우연히 엘리멜렉의 친족
    보아스에게 속한 밭에 이르렀더라

4   마침 보아스가 베들레헴에서부터 와서 베는 자들에게 이르되 여호와께
    서 너희와 함께 하시기를 원하노라 하니 그들이 대답하되 여호와께서 당
    신에게 복주시기를 원하나이다 하니라

5   보아스가 베는 자들을 거느린 사환에게 이르되 이는 누구의 소녀냐 하니

6   베는 자를 거느린 사환이 대답하여 이르되 이는 나오미와 함께 모압 지방
    에서 돌아온 모압 소녀인데

7   그의 말이 나로 베는 자를 따라 단 사이에서 이삭을 줍게 하소서 하였고
    아침부터 와서는 잠시 집에서 쉰 외에 지금까지 계속하는 중이니이다

8   보아스가 룻에게 이르되 내 딸아 들으라 이삭을 주우러 다른 밭으로 가지
    말며 여기서 떠나지 말고 나의 소녀들과 함께 있으라

9 그들이 베는 밭을 보고 그들을 따르라 내가 그 소년들에게 명령하여 너를 건드리지 말라 하였느니라 목이 마르거든 그릇에 가서 소년들이 길어 온 것을 마실지니라 하는지라

10 룻이 엎드려 얼굴을 땅에 대고 절하며 그에게 이르되 나는 이방 여인이거늘 당신이 어찌하여 내게 은혜를 베푸시며 나를 돌보시나이까 하니

11 보아스가 그에게 대답하여 이르되 네 남편이 죽은 후로 네가 시어머니에게 행한 모든 것과 네 부모와 고국을 떠나 전에 알지 못하던 백성에게로 온 일이 내게 분명히 알려졌느니라

12 여호와께서 네가 행한 일에 보답하시기를 원하며 이스라엘의 하나님 여호와께서 그의 날개 아래에 보호를 받으러 온 네게 온전한 상 주시기를 원하노라 하는지라

13 룻이 이르되 내 주여 내가 당신께 은혜 입기를 원하나이다 나는 당신의 하녀 중의 하나와도 같지 못하오니 당신이 이 하녀를 위로하시고 마음을 기쁘게 하는 말씀을 하셨나이다 하니라

14 식사할 때에 보아스가 룻에게 이르되 이리로 와서 떡을 먹으며 네 떡 조각을 초에 찍으라 하므로 룻이 곡식 베는 자 곁에 앉으니 그가 볶은 곡식을 주매 룻이 배불리 먹고 남았더라

15 룻이 이삭을 주우러 일어날 때에 보아스가 자기 소년들에게 명령하여 이르되 그에게 곡식 단 사이에서 줍게 하고 책망하지 말며

16 또 그를 위하여 곡식 다발에서 조금씩 뽑아 버려서 그에게 줍게 하고 꾸짖지 말라 하니라

17 룻이 밭에서 저녁까지 줍고 그 주운 것을 떠니 보리가 한 에바쯤 되는지라

18 그것을 가지고 성읍에 들어가서 시어머니에게 그 주운 것을 보이고 그가 배불리 먹고 남긴 것을 내어 시어머니에게 드리매

19 시어머니가 그에게 이르되 오늘 어디서 주웠느냐 어디서 일을 하였느냐
너를 돌본 자에게 복이 있기를 원하노라 하니 룻이 누구에게서 일했는지
를 시어머니에게 알게 하여 이르되 오늘 일하게 한 사람의 이름은 보아스
니이다 하는지라

20 나오미가 자기 며느리에게 이르되 그가 여호와로부터 복 받기를 원하노
라 그가 살아 있는 자와 죽은 자에게 은혜 베풀기를 그치지 아니하는도다
하고 나오미가 또 그에게 이르되 그 사람은 우리와 가까우니 우리 기업을
무를 자 중의 하나이니라 하니라

21 모압 여인 룻이 이르되 그가 내게 또 이르기를 내 추수를 다 마치기까지
너는 내 소년들에게 가까이 있으라 하더이다 하니

22 나오미가 며느리 룻에게 이르되 내 딸아 너는 그의 소녀들과 함께 나가고
다른 밭에서 사람을 만나지 아니하는 것이 좋으니라 하는지라

23 이에 룻이 보아스의 소녀들에게 가까이 있어서 보리 추수와 밀 추수를 마
치기까지 이삭을 주우며 그의 시어머니와 함께 거주하니라

엘리멜렉의 친족 보아스

1장 마지막에 '보리 추수 시작할 때'라는 표현과 2장 1절의
'엘리멜렉의 친족' 그리고 '유력한 자[1]'라는 도입부의 표현이

---

1) 라우는 '유력한 자'라는 표현은 사사기와 연결해서 이해한다면 기드온이나 입
다와 같은 '강한 용사'의 의미로 볼 수 있고 사무엘상과 연결해서 이해한다면
부유하며 명성을 지닌 사울의 아버지 기스와 같은 인물로 이해할 수 있다고 주

마치 오케스트라가 새로운 악장을 연주하기 시작하는 인상을 준다. 기승전결의 구도로 본다면 '승'에 해당하는 장이 열린다.

나오미나 룻은 둘 다 사회적으로 약자인 과부였다. 그런데 엘리멜렉의 친족으로서 유력한 자(a man of standing)인 보아스의 존재와 그의 이름은 두 과부의 삶에 희망과 반전을 암시한다.[2] 마치 마리아에게 찾아온 천사가 태어날 아기의 이름을 '예수'라고 지어주었을 때 전적으로 무력한 모든 인류에게 구원의 희망과 반전이 암시된 것처럼 말이다.

예수님이 나오미의 고향 베들레헴에서 태어나셨다는 것은 의미가 있다. 그는 영적 흉년 상태에서 죽어가고 있는 세상에서 하늘에서부터 내려온 '산 떡'(the bread of life)의 집주인이 되시기 때문이다. 베들레헴에서 나오미와 룻은 기업을 이을 수 있는 희망이 전혀 없는 과부였다. 그러나 룻이 보아스와 연결되면서

석한다. 그는 룻기가 진행되면서 보아스가 부요한 사람이며 인품을 갖춘 사람의 의미로서 '유력한 자'라고 표현했음을 알 수 있다고 덧붙인다. Lau, *Ruth*, 126.

2) 보아스의 나이는 소개되지 않는다. 아마도 젊은이는 아니었을 것이다. 보아스가 룻을 칭찬하면서 그녀가 젊은 남자를 남편감으로 찾을 수도 있는데 그렇게 하지 않았다고 말한 사실에서 그가 적어도 중년기 또는 노년기의 나이에 해당되는 남자였음을 추정할 수 있다. 그에게는 이미 아내와 청소년기, 또는 청년기에 해당되는 자녀들도 있었을 것이다. 룻은 나이나 외모나 조건을 따라 재혼을 결정하지 않는다. 룻은 여호와의 율법에 순종하며 시어머니 나오미의 말에 순종한다.

심리학으로 읽는 룻기

룻의 이름이 예수님의 족보에 올라가는 은혜를 입게 된다. 나오미와 룻과 마찬가지로 우리는 영적으로 하나님 나라의 기업을 얻을 수 있는 희망이 전혀 없는 영적 과부였다. 그런데 유력자이자 신랑되신 예수님과 연결됨으로써 그리스도의 신부가 되는 은혜를 입었다. 그리고 우리의 이름이 하늘 생명책에 기록되는 은총을 입었다.

두 과부에게 '친족'(친척)그것도 남자 친족이 있다는 것은 그들의 삶에 대를 이을 수 있는 희망이 완전히 사라지지 않았음을 암시한다. 게다가 그 친족이 '유력한 자'라는 점은 나오미의 수치심을 상쇄시킬 수 있는 가능성을 시사한다.[3]

1장에서 나오미가 두 며느리에게 한 말은 절망감에서 한 말이었다. 현실적으로도 두 며느리가 나오미를 통해서 후손을 얻을 수 있는 가능성은 제로였다. 마치 사라가 늙어서 임신할 수

---

3) 라우는 엘리멜렉과 연결되는 친족으로서 유력한 자 보아스와 연결짓기가 된다는 사실 자체만으로도 당시 사회적 상황에서 과부로서 '빈손'이라고 인식한 나오미의 수치심을 몰아내며 그녀의 자기 가치감이 회복될 수 있는 것을 의미한다고 주석한다. Lau, *Ruth*, 127. 나오미가 보아스와 연결짓기가 되며 모압 여인 룻이 보아스와 연결짓기가 되어 신분이 바뀐 것은 가장 존귀하신 예수 그리스도의 보혈로 구속함을 받아(redeemed) 하나님의 자녀가 되는 권세를 가진 크리스천으로서 신분이 바뀌는 것과 평행과정을 이룬다. 예수님과 연결짓기가 된 것에서 생긴 존재 가치는 성장기의 부모와의 대상관계 경험에서 생기는 심리적 자존감과 자기가치를 극복하며 치유하는데 있어서 핵심적인 기반을 제공한다.

있는 가능성이 제로인 상황과 마찬가지였다. 사라는 하나님의 초자연적인 개입으로 임신한다. 그러나 나오미의 경우에는 두 과부 나오미와 룻을 보호하는 율법이 적용되고 시행됨으로써 대가 이어지는 길이 열린다. 그리고 그 길은 현실이 된다. 니오미의 절망의 내러티브에 희망의 빛이 비취기 시작한다.

베들레헴에 엘리멜렉과 연결된 친족들이 남아 있었다는 것은 하나님의 은총이었다. 그들은 흉년 중에도 살아남았다. 그리고 베들레헴에서 자기들에게 분배된 땅을 지키고 있었다. 나오미는 "모든 것을 다 잃었다"라고 생각하며 자신의 삶이 '빈손'의 삶이라고 생각했다. 그러나 그녀에게는 아직 그녀가 미처 생각하지 못했던 구원의 길이 남아 있었다. [4]

아담과 하와는 에덴 동산에서 모든 것을 잃는다. 그들은 빈손으로 에덴에서 축출된다. 그러나 그들에게 회복과 구원의 길이 열린다. 하나님은 그들이 만들어 입은 일시적인 나뭇잎 옷을 벗기신다. 그리고 항구적으로 수치와 추위를 가릴 수 있는 짐승의 털가죽으로 된 옷을 지어 입히신다. 하나님은 그들을 유기하거나 포기하지 않으신다.

---

[4] 라우는 나오미에게 룻이 곁에 있고 하나님이 여전히 그녀의 ` 삶에 동행하고 계시다는 사실을 고려한다면 그녀는 완전히 '빈손으로' 돌아온 것이 아니라고 지적한다. Lau, *Ruth*, 37-38.

심리학으로 읽는 룻기

아담의 후손은 예외 없이 죄의 결과로 영원한 사망에 이르게 되었다. 아담의 후손은 구원의 가능성에 대해서 철저하게 절망적이며 무력하다. 그러나 하나님은 예수 그리스도, 즉 '기업 무를 자'(the kinsman-redeemer)[5]를 통해 아담과 그의 후손에게 구속의 길을 여신다. 마찬가지로 절망적이며 무력한 나오미에게 여호와 하나님은 모세를 통해 준비하신 '기업 무를 자'의 율법을 통하여 기업을 잇도록 헤세드를 베푸신다.

이삭줍기에 도전하는 룻

룻은 나오미에게 이삭 줍는 일을 하겠다고 자발적으로, 적극적으로 요청한다. 추수하는 현장에서 이삭을 줍는 일은 추수 일꾼들을 성가시게 할 수 있는 일이었다.[6] 게다가 이방 여인이자

---

5) 히브리어 '고엘'(*goel*)에 대해서 영거는 현대적 의미의 '보호자'(guardian)와 구별해서 이해되어야 하는데 첫째, 고엘은 남자만 될 수 있고, 둘째, 친족이어야 한다고 지적한다. Younger, *Judges, Ruth*, 498.

6) 영거는 고아와 과부 그리고 가난한 자가 이삭을 주울 수 있게 규정한 율법을 이스라엘 백성들이 제대로 지키지 못했다는 점을 지적하면서 룻기의 시대가 사사기 시대인 점을 고려할 때 이삭줍기에 나선다 하더라도 밭주인이나 추수를 감독하는 사람이 허락하지 않을 경우 이삭줍기가 어려울 수도 있었다고 주석한다. Younger, *Judges, Ruth*, 553.

젊은 과부인 룻의 경우 자칫 성희롱을 당할 수 있는 위험마저 있었다. 그러나 룻과 나오미 모두 모험한다.

룻은 베들레헴 사람들이 과부에게 베푸는 구제를 기대하고 그냥 집에 머물러 사는 것을 선택하지 않는다. 오히려 시어머니 나오미는 수동적인 삶을 산다. 그녀는 집에만 머물러 있다. 여전히 활동할 수 있는 체력을 가지고 있다면 젊은 며느리 룻만 보내지 않고 자신도 함께 나갈 수 있었을텐데 그녀는 그런 의욕을 보이지 않는다. 어쩌면 나오미는 여전히 우울 상태에 살고 있었을 수도 있다.[7] 동네 여인들과 만나 대화도 하지도 않는다. 밥도 같이 먹고 어울리며 수다를 떨 수도 있는데 그녀는 그냥 집에 머물러 있을 뿐이다.

나오미는 간단하게 대답한다. "내 딸아 갈지어다.""그래 알았어, 내 딸."[8] 나오미는 룻에게 품행을 조심시키거나 베들레헴의 관습이나 문화에 대해서 잔소리 같은 말도 덧붙이지 않는다. 젊은 며느리를 고아나 과부들이 하는 이삭 줍기 현장에 보내는 것에 대한 미안함 때문에 오히려 짧게 대답했으리라. 진짜

---

7) 흥미롭게도 라우도 나오미가 우울한 상태에서 사람들과 어울리는 것을 원하지 않아서 이삭줍기에 참여하지 않았을 수도 있다고 주석한다. Lau, *Ruth*, 128.

8) 나오미가 룻이 이삭줍기하러 나가는 것을 허락한 것에서 과거의 풍족했던 삶에서 빈손이 된 삶으로 내려간 현실을 있는 그대로 수용하는 그녀의 태도를 엿볼 수 있다. 그녀는 자신의 체면과 자존심을 내려놓고 현실을 부인하지 않는다.

미안하면 하고 싶은 말이 잘 나오지 않는 법이다.[9] 룻이 이삭 줍는 다른 과부들과 어울리다 보면 말에 상처를 받을 수도 있고 말 실수를 할 수도 있다. 그러나 나오미는 굳이 이런 것에 대해 잔소리하지 않는다. 룻의 성숙함에 대한 기본적인 신뢰감이 있었기 때문이었으리라.

룻은 나오미의 허락을 청하면서 은총(favor)라는 표현을 사용한다. 추수하는 밭 주인과 일꾼들을 감독하는 자의 눈에 은총을 입어야 이삭줍는 일이 덜 스트레스가 된다는 사실을 룻도 알고 있었기 때문이다.[10] 더 나아가 그녀는 사람을 통해 역사하시는 하나님의 은총을 입어야 일용할 양식을 얻을 수 있음을

---

9) 라우는 나오미의 짧은 두 마디 반응에 대해서 아마도 귀환 후에 겪는 스트레스와 역문화충격을 겪고 있었기 때문일 수도 있다는 흥미로운 해석을 한다. 그래서 며느리 룻의 청원에 대해서 가타부타 말하는 것이 버거웠을 수도 있었다고 말한다. 그리고 그녀가 하나님이 룻을 인도하시고 보호하실 것이라고 믿었기 때문에 짧게 반응했다고 해석하는 것은 개연성이 좀 약하다고 덧붙인다. Lau, *Ruth*, 131. 영거도 나오미의 우울한 상태를 엿볼 수 있다고 주석한다. Younger, *Judges, Ruth*, 553. 1장 마지막 부분에서 베들레헴 사람들과의 대화 내용을 고려한다면 새로운 문화와 사회에 잘 적응하는 룻에 비해 나오미는 적응하는데 훨씬 더 시간이 걸렸을 것이라고 볼 수 있다. 그런 점에서 라우와 영거의 해석은 타당성이 있다고 생각한다. 그렇지만 필자는 나오미가 룻에 대한 깊은 신뢰감을 갖고 있었기 때문에 짧게 반응했을 것이라고 본다.
10) 라우는 과부나 고아 또는 외국인이 추수할 때 이삭을 줍도록 한 율법은 가난한 자들이 그냥 구제를 받을 때 느낄 수 있는 굴욕감을 느끼지 않도록 직접 일을 해서 먹을 것을 얻도록 하여 그들이 품위를 유지할 수 있게 하는 순기능성을 갖고 있었다고 주석한다. Lau, *Ruth*, 130.

알았기 때문이다.

잠언 저자 솔로몬의 표현처럼 사람이 그 길을 계획할지라도 그 걸음을 인도하시는 이는 하나님이시다(잠 16:9). 이방 여인을 보는 눈이 '선한' 밭 주인과 감독을 만난다는 것은 낯선 외부 세계로 첫 걸음을 떼는 룻에게는 매우 중요하며 필요한 일이었다. 좋은 대상관계를 반복해야 삶의 활동 반경을 넓힐 수 있는 용기와 힘이 생기기 때문이다. 가정해서 룻의 첫날 이삭줍기 경험이 매우 부정적이었다면 룻은 처음부터 기가 꺾였을 수도 있다. 물론 룻의 심리적, 영적 수준을 미루어볼 때 '회복탄력성'(resilience)이 있어서 다시 시도했을 것이다. 그러나 나오미의 우울한 상태를 고려한다면 나오미가 며느리에게 다시는 이삭줍기 하지 말라고 금했을 가능성이 크다. 사랑하는 며느리를 위험한 상황에 다시 노출시키고 싶지 않기 때문이다.

룻은 삶에서 처음 경험하는 이삭줍기에 마침내 도전한다. 그녀는 이삭을 줍는 고아들과 과부들로 이루어진 그룹의 일부가 되는 것을 받아들인다. 약자의 일부가 되는 것을 기꺼이 수용하며 새로운 삶의 양식에 잘 적응하는 힘을 보인다. 부한데 처할 줄도 알고 가난한데 처할 줄도 아는 일체의 비결을 배웠다고 고백한 사도 바울의 삶의 자세를 그녀에게서 발견할 수 있다(빌 4:12). 룻은 모든 성도들이 본받을 수 있는 삶의 태도를 보여준다.

롯기 내내 롯의 이름에는 '모압 여인'(the Moabitess)라는 수식어가 붙는다. 모압 여인이 하나님의 백성의 공동체에 접붙임을 받는다는 것은 기적이자 은총이다.[11] 하나님의 전적인 은혜, 헤세드를 입었기 때문이다. 그런 점에서 모압 여인 롯은 모든 이방인들의 표상(representation)이다. 구원의 희망이 전혀 없는 자와 외인(stranger, foreigner)을 표상한다.

20대 혹은 30대 초반의 나이로 추정되는 롯이 보인 행동은 그녀가 상당히 심리적으로 성숙한 여인이었음을 보여준다. 그녀가 만약 자기애성 성격장애가 있는 여성이었다면 사회적으로 지위가 낮은 무리 속에 기꺼이 합류하지 않았을 것이다. 시어머니가 이삭 줍기를 하라고 부탁을 해도 자신은 자존심을 구기는 행동은 하지 않겠다고 대답했을 것이다. 그러나 그녀는 자신의 현실을 있는 그대로 받아들일 수 있는 자기 가치감과 정체성을 가진 여인이었다.

---

11) 라우는 '모압 사람(여인)'(the Moabite)라는 수식어가 롯기에게 일곱 번이나 반복되고 있음을 지적한다. 그는 롯의 인종적인 차이점은 완전히 없어지지 않지만 이스라엘 공동체에 포함됨에 있어서 그녀의 여호와 신앙으로 인하여 그리고 나오미의 며느리(in-law)로서의 연결고리를 통하여 롯기의 마지막 부분에서는 '모압 여인'이라는 표현이 사용되지 않고 대신 '그 여인'(the woman) 또는 '이 젊은 여자'(this young woman) 또는 '[나오미를] 사랑한 자'로 동네 여인들에 의해 호칭되고 있음을 잘 지적한다. Lau, *Ruth*, 49-50.

모압 여인 룻은 보리 추수 현장에서 이삭 줍는 베들레헴 과부들 중에 합류한다. 이 사실은 이방인과 유대인 사이에 존재했던 벽이 예수님의 피를 통하여 허물어질 것을 예표하는 복음의 서곡이다. 은총을 베푸는 보아스가 예수 그리스도를 예표하며 룻은 그리스도의 신부인 교회(믿음을 고백하는 사람들)를 예표한다.

룻과 보아스의 섭리적 조우(遭遇)

나오미가 베들레헴에 돌아온 후 처음부터 의도적으로 또는 의식적으로 룻과 보아스를 연결하려고 한 것은 아니었다. 그것은 하나님의 섭리와 은총이 개입된 것이었다. 2장 3절에서 성경 표현에 어울리지 않게 룻의 발걸음이 '우연히' 엘리멜렉의 친족 보아스에게 속한 밭에 이르렀다고 기술된다.[12] 베들레헴에 있는 많은 사람들의 밭 중에서 보아스의 밭에서 이삭을

---

12) 다윗의 후계자로 왕이 된 솔로몬은 예루살렘 모리아산에 성전을 건축하면서 성전 앞에 두 기둥을 세운다. 오른쪽 기둥을 '야긴'이라고 명명했는데 그 이름은 "저가 세우리라"는 의미를 갖고 있다. 왼쪽 기둥을 '보아스'라고 명명했는데 그 뜻은 "그에게 능력이 있다"이다(열상 7:21, 대하 3:17). 후세에 룻기가 낭독되는 것을 듣는 이스라엘 백성들은 룻기 2장 1절이 낭독되는 부분에서 보아스가 '유력한 자'라고 소개될 때 솔로몬 성전의 왼쪽 기둥 '보아스'가 연상되었을 것이다.

심리학으로 읽는 룻기

줍게 된 것은 우연한 일이 결코 아니었다. "우리 만남은 우연이 아니야"라는 가수 노사연의 노래 가사는 신학적 의미를 담고 있다. 2008년에 소천한 목회상담학자이자 사우스웨스턴침례신학대학원 교수였던 C. W. Brister가 표현했듯이 보아스와 룻의 만남은 '섭리적 조우'(providential encounter)였다.[13]

사람의 발걸음을 인도하시는 분은 여호와 하나님이시다. 예레미야와 솔로몬은 이 사실을 확신했다. "여호와여 내가 알거니와 사람의 길이 자신에게 있지 아니하니 걸음을 지도하심이 걷는 자에게 있지 아니하니이다"(렘 10:23). "사람이 마음으로 자기의 길을 계획할지라도 그의 걸음을 인도하시는 이는 여호와시니라"(잠 16:9).[14] 만약 보아스보다 더 가까운 친족이었던

---

13) 라우도 룻과 보아스의 만남에 대해서 'encounter'라는 용어를 사용한다. Lau, *Ruth*, 133. 한자어 遭遇는 만날 遭와 만날 遇가 결합된 단어인데 우연한 만남을 의미하기도 하고 신하가 뜻에 맞는 임금을 만나는 것을 의미하기도 한다. 룻과 보아스의 조우는 이 두 가지 의미를 다 포함한다.

14) 라우는 '우연히'(by chance) 일어나는 일은 구약의 관점에서 존재하지 않는다고 잘 지적한다. 하나님을 세상에서 일어나는 모든 사건의 배경에 궁극적으로 역사하시는 분으로 이해해야 한다면서 암 3:6, 애 3:37-38, 사 45:1-8을 예로 든다. Lau, *Ruth*, 132. 두 본문만 소개하자면, "여호와의 행하심이 없는데 재앙이 어찌 성읍에 임하겠느냐." "주의 명령이 아니면 누가 이것을 말하여 이루게 할 수 있으랴 화와 복이 지존자의 입으로부터 나오지 아니하느냐." 그는 잠 16:33의 말씀을 인용하면서 주사위가 구르는 순간에도 하나님은 역사하고 계신다고 표현한다. "제비는 사람이 뽑으나 모든 일을 작정하기는 여호와께 있느니라." 세상에서 일어나는 수많은 일들이 모두 하나님과 연결짓기가 된다는 것은 인간의 지식을 넘어서는 일이다. 그럼에도 불구하고 현대 인간이 개발한

'아무개'가 룻과 결혼하겠다고 말했더라면 룻과 보아스와의 결혼은 이루어지지 않았을 것이다. 그러나 하나님은 아무개의 이기적인 마음에 개입하셨다. 룻과 보아스가 연결되도록 섭리하셨다.

놀랍게도 룻의 발걸음이 다다른 곳은 장차 기업을 이을 자로서 자신의 남편이 될 보아스의 밭이었다! 베들레헴에 있는 많은 밭들 중에서 첫날부터 보아스의 밭에서 이삭줍기를 하게 된 것과 '마침'(just then) 보아스가 베들레헴에서부터 추수하는 자들을 격려하기 위해 방문한 것은 '우연'이 아니라 하나님의 '섭리'였다.[15]

아브라함의 늙은 종이 이삭의 아내를 얻기 위해 아브라함의 동생이 살고 있는 하란까지 먼 길을 갔을 때 한 우물 곁에서 아내 될 사람을 위해 하나님께 징표를 구하는 기도를 한다. 그때

각종 기술을 보면서 이전보다는 더 쉽게 이해할 수 있게 되었다. 인공지능의 기술을 보면서 놀라움과 두려움마저 느끼는데 하물며 하나님의 기술과 능력은 더 원더풀하지 않겠는가?

15) 라우는 하나님의 섭리와 인간의 자율성과 행동은 상호모순적이지 않다고 잘 지적한다. Lau, *Ruth*, 40. 하나님의 보이지 않는 손이 룻기 전체에 역사하고 있지만 나오미나 룻은 각각 나름대로의 판단과 생각을 가지고 행동한다. 만약 나오미가 베들레헴으로 돌아오려고 하지 않았다면, 룻이 이삭줍는 것을 싫어하고 들로 나가지 않았다면 보아스와의 만남은 이루어지지 않았을 것이다. 물론 하나님은 다른 방법을 사용해서라도 섭리적 만남을 이루실 수 있는 분이시다. 하나님이 발걸음을 인도하시지만 우리는 매일 *스스*로 발을 내디뎌야 한다.

하란의 많은 젊은 처자들 중에서 장차 이삭의 아내가 될 리브가와의 만남이 이루어진다. 리브가는 물을 길으러 나온 첫 여성이었다! 뿐만 아니라 리브가는 낯선 이에게 물을 마시도록 환대를 베풀고 낙타들이 먹을 수 있는 물까지 길어다 먹이는 행동을 자발적으로 한다. 팔레스타인의 우물은 두레박으로 푸는 우물이 아니라 땅 밑에 위치하고 있어서 계단을 통해 내려가서 물을 길어오는 것이 일반적이다. 그런데 리브가는 여러 마리의 낙타들이 충분히 마시도록 물동이에 물을 채워 여러 번 계단을 오르내리는 수고를 마다하지 않는다. 그녀의 이런 일련의 행동은 종이 했던 기도와 일치하는 것이었다. 아브라함의 종은 리브가가 아브라함의 동생 하란의 아들 브두엘의 딸이라는 사실도 곧 알게 된다.

하나님이 섭리하시는 만남은 정말 신비롭다. 때로는 만나지 말아야 할 사람을 만나는 경우도 있다. 하지만 하나님은 이런 만남조차 선하게, 아름답게 하신다.

분석심리학자 칼 융은 '동시성'(synchronicity) 개념으로 우연과 섭리를 설명한다. 예지몽이 대표적인 예이다. 무의식 세계에서 생긴 꿈의 내용이 그 다음 날 현실에서 그대로 일어나는 경우이다. 무의식이 의식보다 선행하여 인식하여 알려주는 신비스러운 경험이다.

그러나 신학적으로 볼 때 '크로노스'(chronos) 시간이 '카이로스'(kairos) 시간이 되는 것은 하나님이 섭리하시며 역사하시기 때문이다.[16] "원수를 외나무 다리에서 만난다"는 표현조

---

16) 하나님의 섭리가 절묘한 타이밍에 동시에 일어난 구약의 사건으로 대표적인 것으로서 수넴 여인의 경우를 예로 들 수 있다. 북이스라엘에서 활동했던 엘리사 선지자가 아들을 살려준 수넴 여인에게 그 땅에 칠년 흉년이 있을 것이니 다른 나라로 피난을 가라고 해서 그녀는 블레셋에 가서 칠년을 체류한다. 칠년 후에 그녀가 자기 고향으로 돌아왔을 때 자기 집과 밭에 대해서 호소하기 위해서 이스라엘 왕을 찾는다. 왕 앞에 나아갔을 때 왕은 마침 엘리사의 사환 게하시로부터 엘리사가 행한 기적들에 대해서 이야기를 듣고 있었다. "게하시가 곧 엘리사가 죽은 자를 다시 살린 일을 왕에게 이야기할 때에 그 다시 살린 아이의 어머니가 자기 집과 전토를 위하여 왕에게 호소하는지라 게하시가 이르되 내 주 왕이여 이는 그 여인이요 저는 그의 아들이니 곧 엘리사가 다시 살린 자니이다 하니라 왕이 그 여인에게 물으며 여인이 설명한지라"(열하 8:5-6). 확률적으로 게하시가 왕에게 수넴 여인이야기를 하는 타이밍과 수넴 여인이 칠년의 시간이 흐른 후에 어느 날 왕에게 찾아오는 타이밍이 일치할 확률은 제로에 가깝다. 세상에서는 "호랑이도 제 말하면 온다"는 말이 이런 경우와 비슷하다. 에스더서에서도 보이지 않는 하나님의 섭리가 개입된 사건이 등장한다. 페르시아 왕이었던 아하수에로는 어느 날 잠이 오지 않자 왕의 기록관에서 역사기록을 가져오게 해서 읽는다. 그때 읽은 부분이 공교롭게도 모르드개의 신고로 모반의 위험으로부터 자신을 지켜준 사건이 기록된 부분이었다! 아하수에로는 그의 심리적 특성상 잠을 잘 이루지 못하는 유형의 사람이 아니다! 그는 에니어그램의 관점에서 보면 고민하고 생각하는 머리형 인간이 아니라 머리와 가장 먼 장(gut) 유형인 왕이었다. 그런 그가 그날 밤은 유독 잠을 이루지 못한 것이었다. 하나님이 아하수에로의 수면에 개입하신 것이다. 또 하필이면 그 늦은 밤에 다음 날을 기다리지 못한 채 하만이 모르드개를 높은 장대에 매달아 죽이려고 왕에게 청원하려고 궁궐에 입궐한다. 모르드개를 포상하려고 하는 왕의 의도를 전혀 모른 채 하만은 자신을 포상하려는 줄 알고 모르드개를 한껏 높이는 제안을 하고 만다. 그래서 자신이 수치를 당하는 일이 벌어진다. 그것이 시발점이 되어 하나님은 흩어진 유대인들 모두가 학살될 위기 상황에서 구원하시는 역사를 이루신다. 놀라운 것은 에스더서에는 '하나님' 또는 '여호와'라는 단어가 한번도

심리학으로 읽는 룻기

차 사실상 기독교 신학적 관점에서는 '섭리적 만남'으로 재해석 할 수 있다. 외나무 다리에서 만남으로 인해 원수를 보복하는 기회가 될 수도 있고 용서하며 화해하는 기회가 될 수도 있기 때문이다.

룻은 자신이 이삭줍기 하는 밭이 누구의 밭인지도 모른 채 이삭을 줍는다. 이삭 줍는 첫날에 보아스의 밭에 그녀의 발걸음이 다다른 것은 하나님의 인도하심이었다고 설명할 수 밖에 없다. 나오미는 집에서 며느리를 염려하며 기도하고 있었으리라. "여호와의 손이 나를 치셨다," "여호와께서 심히 괴롭게 하셨고 징벌하셨다"라고 했던 나오미의 말이 마침내 변하게 된다. "여호와의 손이 며느리 룻의 발걸음을 인도하셨다"라는 고백으로 바뀐다.

보아스와 추수하는 일꾼들은 '여호와 중심적인' 인사를 나눈다. 그들의 인사 내용을 통해 여호수아 세대가 지나가고 여호와를 알지 못하는 '다른' 세대가 등장했던 사사기 시대에 여전히 여호와 신앙 중심적인 '남은 자'들이 있었음을 알 수 있다.

등장하지 않는다는 사실이다. 유다 왕국이 멸망하고 많은 유다 백성들이 죽임을 당하거나 포로가 되어 흩어졌지만 여호와 하나님은 여전히 세계 역사 속에서 참되신 왕으로서 주권을 행사하고 계셨던 것이다. 마찬가지로 하나님은 오늘도 당신과 나의 삶과 이 세상에서 살아가는 모든 인간들의 걸음걸음을 지켜보시며 인도하고 계신다.

북이스라엘이 바알 종교로 극성을 부렸던 시대에도 하나님은 엘리야에게 바알에게 무릎을 꿇지 않은 신실한 백성 칠천 명을 남겨두셨다고 말씀하신다(열상 19:18). "나만 홀로 남았으니" 라고 호소하는 그에게 그가 인식하지 못했던 신실한 자들이 남아 있음을 알려주신다. 마찬가지로 영적으로 어두운 시대, 흉년을 통과해야 했던 시대에 하나님은 보아스와 그의 일꾼들과 같은 신앙의 사람들을 남겨두신다. 따라서 세속화의 물살이 휘몰아치는 현대에도 여전히 곳곳에 신실한 하나님의 백성들이 많이 남아 있음을 기억하고 용기를 잃지 말아야 한다.

보아스는 일꾼들에게 "여호와께서 너희와 함께 하시기를 원하노라"라는 다소 상투적일 수 있는 축복의 인사를 한다. 또 일꾼들도 "여호와께서 당신에게 복 주시기를 원합니다"라고 응답한다. 이것은 마치 '할렐루야'라고 인사하면 '아멘'으로 화답하는 설교자와 청중 사이의 관용적인 인사법과 같은 것이다.[17] 그러나 그 관습적인 인사 속에 룻과 보아스를 향한 하나님의 음성이 담겨 있었다. "여호와께서 당신 룻에게도 함께 하시기를. . . ." "하나님께서 보아스 당신에게 예상하지 못했던 복, 즉

---

17) 라우는 보아스의 인사가 '샬롬'과 같은 평상적인 인사일 수도 있지만 그가 한 인사법은 구약 나머지 부분에서 발견되지 않는다고 말하며 룻기 저자가 이 인사에서 여호와라는 단어를 부각하여 룻의 내러티브에 하나님의 임재를 암시한다고 수석한다. Lau, *Ruth*, 138.

다윗의 조상의 반열에 오르는 복을 주시기를. . . ."

이삭 줍는 여러 여인들 중에 보아스의 관심을 끄는 여인이 있었다. 외모도 약간 이국적일 수도 있는 한 젊은 여인이었다. 룻의 옷차림이 여전히 모압풍이어서 다른 여인들과 달리 눈에 띄었을 수도 있다. 뿐만 아니라 보아스의 시선을 끌 수 있는 외적 아름다움도 룻에게 있었으리라. 보아스의 손자인 이새의 아들들의 외모가 모두 출중했던 것을 고려할 때 룻이 외모에서도 뛰어난 유전자를 가지고 있었으리라고 추정하는 것은 무리가 아니다. 젊고 매력적인 여인에게 눈길이 가는 것은 자연스러운 일이다. 하나님은 매력을 통해서도 보아스와 룻을 연결하신다.

보아스는 관심을 갖고 추수꾼을 감독하는 사환에게 묻는다. "저 젊은 여인은 누구에게 속한 여인인가?" "저 여자는 누구 집 딸인지, 아니면 누구의 과부인지, 누구의 과부 며느리인지?"라는 의미의 질문이다.[18] 이 질문에 대해 사환은 의외로 룻에 대하여 자세하면서도 구체적인 정보가 담긴 대답을 한다. 처음 와서 이삭줍기를 신청한 젊은 여인에 대해서 무관심하게 지나쳤

---

18) 라우는 "저 여인은 누구이지?" 라고 묻지 않고 "저 여인은 누구에게 속했는 가?"라고 묻는 방식이 현대인들에게는 이상하게 들릴 수 있음을 언급하면서 당시 부계사회와 공동체 사회에서는 보다 자연스러운 질문이라고 주석한다. 개인의 일차적인 정체성이 사회적 관계 속에서 규정되기 때문이라는 것이다. Lau, *Ruth*, 139.

다면 "주인님, 저는 잘 모르겠는데요. 한번 직접 물어볼까요?"라고 대답했을 것이다. 그랬다면 보아스는 체면상 "그럴 필요까지는 없네!"라고 지나쳤을 수도 있다. 그런데 사환은 "나오미와 함께 모압 지방에서 돌아온 모압 여인입니다"라고 대답하며 그녀의 이름까지는 말하지 않는다. 몰랐을 수도 있다. 그러나 이미 베들레헴 사람들에게 나오미와 룻의 귀환은 빅뉴스였기 때문에 굳이 이름을 말하지 않아도 '모압 여인'이라고 말할 때 보아스는 그 여인이 룻인 줄 알았으리라.

사환은 룻의 행동에 대해서 관심어린 피드백을 보아스에게 덧붙인다.[19] "그의 말이 나로 베는 자를 따라 단 사이에서 이삭을 줍게 하소서 하였고 아침부터 와서는 잠시 집(shelter)에서

---

19) 영기는 많은 주석가들이 사환이 보아스에게 룻에 대해 언급한 말이 좋은 뜻과 좋은 인상을 심어주는 말이라고 보았지만 일부 주석가들은 룻의 출신에 대해서 두번이나 반복하여 강조하는 그의 말에게 룻을 향한 부정적인 태도가 엿보인다고 주석했음을 인용한다. 그는 사환이 룻의 행동을 보고할 때 '이삭을 줍는다'(glean)이라는 동사에다가 '모은다'(gather)라는 동사를 첨부함으로써 그녀가 이삭줍는 다른 여인들과 달리 많이 줍고 있다는 사실에 대해서 불쾌한 심정을 드러내었다고 통찰력 있게 지적한다. Younger, *Judges, Ruth*, 556. 사환의 말을 어떻게 해석하느냐에 따라 그가 룻을 위하는 자인지 아니면 룻에 대해서 편견이나 차별을 하는 자인지가 달라진다. 일이 순조롭게 진행되지 않고 약간의 긴장이나 저항이 있도록 하는 문학적인 기법을 염두에 둔다면 사환의 보고는 부정적인 쪽에 가까웠을 것이라는 것이 타당성이 있어 보인다. 어느 쪽이든 보아스는 사환의 보고에 의존해서 판단하지 않는다. 보아스는 밭을 감독하는 사환보다 더 크게, 더 멀리 볼 수 있는 '슈퍼비전'(super-vision)을 가진 탁월한 '슈퍼바이저'였다.

심리학으로 읽는 룻기

쉰 외에는 지금까지 계속 하는 중이니이다.” 보아스가 룻을 주
목한 타이밍은 룻이 쉘터에서 잠시 쉬는 시간이 아니었다. 그녀
가 부지런히 일에 집중하고 있는 시간이었다. 그녀의 성실성과
근면성을 파악할 수 있는 타이밍에 보아스의 눈이 룻에게 머무
른 것도 하나님의 세심한 인도하심이었다.

룻에게 은총를 베푸는 보아스

흥미롭게도 보아스는 사환의 말에 대해 일언반구하지 않고
바로 룻에게 말한다. “내 딸아 들으라 이삭을 주으러 다른 밭으
로 가지 말며 여기서 떠나지 말고 나의 소녀들(my servant girls)
과 함께 있으라 그들이 베는 밭을 보고 그들을 따르라 내가 그
소년들(the men)에게 명령하여 너를 건드리지 말라 하였느니라
목이 마르거든 그릇에 가서 소년들이 길어 온 것을 마실지니
라”(2:8-9).[20] 거침없이 보아스는 자신의 말을 잇는다. 그 말을
들은 이삭줍는 다른 과부들은 부러웠으리라. 유력한 남자, 밭

---

20) 라우와 영거 모두 고대 이스라엘에서 이방인들이 이스라엘 백성들을 위해 물
   긷는 자가 되었으며 여자들이 남자들을 위해 물을 길었다는 점에서 보아스
   의 배려는 특별한 것이었음을 지적한다. Lau, *Ruth*, 149 ; Younger, *Judges,
   Ruth*, 559.

주인, 이상화할 수 있는 남자가 여러 과부들 중에서 룻에게 총애를 베풀며 그녀에게 울타리를 제공해주는 말을 할 때 속으로 시샘마저 했으리라.

　보아스는 룻에게 특별한 은총을 베푼다. 그녀에게 필요한 울타리와 바운더리(boundary)를 제공한다. '품어주는 환경'(holding environment)을 베푼다. 룻은 남편을 잃은 이후 시어머니에게 지속적으로 품어주는 환경을 제공해왔다. 그러나 지금 그녀는 모처럼 수혜자의 경험을 한다. 힘쓰지 않아도 되고 노력하지 않아도 되며 쉴 수 있는, 숨 쉴 수 있는 공간이 그녀에게 예기치 않게, 무조건적으로 제공된 것이다. 보아스의 관심어린 따스한 말에 그녀는 속으로 눈물을 삼켰으리라. 보아스는 남편 없는 그녀에게 일하는 남자들이 집적대지 못하도록 엄히 명하여 그녀를 보호한다. 안심하고 이삭을 줍도록 배려한다. 매일 밭을 옮기며 새로운 밭 주인이나 추수하는 일꾼들의 눈치를 봐야 하는 번거로움을 일순간에 해소시킨다. 베들레헴에 살기 시작한 이후 모든 것이 어색하고 새로운 환경에서 살던 룻은 처음으로 '홈커밍'(home-coming)을 경험한다. 눈치 볼 필요 없이 목마를 때 길어온 물을 언제든지 마셔도 좋다는 환대까지 경험한다. 그녀는 더 이상 이삭 줍는 과부가 아니라 추수하는 공동체의 일원으로 수용된다.

롯은 좋은 아버지 대상 이미지를 가진 보아스에게 얼굴을 땅에 대고 최대한의 감사 표시를 한다. 이것은 자신을 낮추는 겸비한 태도였다. 감사와 감격에서 우러나온 행동이었다. 자신을 '내 딸아'라고 불러주는 낯선 남자 보아스의 환대에 그녀는 눈물을 글썽거렸으리라. 고국에 두고 온 자신의 친아버지 (만약 그가 좋은 대상이었다면)얼굴과 보아스의 얼굴이 오버랩 되었으리라. 롯에게는 보아스가 좋은 아빠 대상으로 경험되는 '전이'(transference)가 일어났으리라. 보아스는 롯이 나오미와의 관계에서 경험했던 하나님 경험을 구체적으로 경험하게 하는 좋은 아버지 대상이 된다.

롯은 보아스의 환대에 탄성으로 반응한다(exclaimed). 예상하지 못한 환대에 그녀는 자신도 모르게 소리친다. "Why have I found such favor in your eyes that you notice me a foreigner?"(왜 외국인인 나를 주목하여 당신의 눈 앞에서 그같은 은총을 나에게 입히시나이까?). 롯은 나오미에게 사용했던 '은혜'(favor)라는 단어를 보아스에게 다시 사용한다. 첫날 추수 밭으로 갈 수 있도록 요청하면서 롯은 나오미에게 "내가 누구에게 은혜(favor)를 입으면"이라고 말했는데 하나님은 그녀의 말을 듣고 계셨다. 하루 해가 채 저물기 전에 하나님은 롯이 보아스에게 은혜를 입도록 인도하신다. 시편 기자의 고백대로 "귀를 지으신 자가 (어찌) 듣지 아니하시랴 눈을 만드신 이가 (어찌) 보지 아니하시랴"(시 94:9)는 말씀 그대로 말이다. 룻의 말을 듣고 계셨던 하나님은 동일하게 나와 당신의 일상의 대화와 기도를 듣고 계신다. 그리고 그 말을 성취하신다.

룻은 자기심리학의 주창자인 하인즈 코헛(Heinz Kohut)이 아기의 '참자기'(true self) 또는 '응집력 있는 자기'(cohesive self) 발달에 핵심적으로 필요한 심리적 경험이라고 주장한 '총애'(mirroring and idealizing)를 보아스로부터 경험한다. 따스한 눈길과 음성으로 그녀에게 다가온 유력자의 관심을 한몸에 받는다. 이것은 다윗이 "내 잔이 넘치나이다"(시 23:5)라고 고백한 경험과 유사한 경험이다. 다윗의 표현처럼 원수들의 목전은 아니지만 이삭줍는 과부들과 추수하는 일꾼들 앞에서 그녀에게 베푸는 보아스의 배려와 은혜에 그녀는 감격한다. 이 순간 모압에서의 결혼 생활부터 베들레헴에 이르기까지의 상실 경험과 이민 과정 경험이 주마등처럼 룻의 뇌리를 스쳐갔으리라.

보아스는 룻의 삶의 이야기를 이미 잘 듣고 있었다고 말한다. 그녀가 어떤 인품과 신앙을 가진 여인인지에 대해서 자신에게까지 잘 알려졌다고 말하며 그녀를 안심시키며 격려한다. 시모에게 행한 일, 고국을 용기 있게 떠난 일, 친부모를 떠난 일, 전혀 낯선 백성들과 함께 살기 위해 모험한 일을 보아스는

심리학으로 읽는 룻기

이미 잘 알고 있었노라고 위로한다.

보아스의 진심 어린 공감 표현이 룻의 마음에 오롯이 스며든다. 룻은 이 공감 어린 말을 토하거나 설사하지 않고 그대로 소화한다. 칭찬하며 공감하는 말을 권위자로부터 들을 때 그녀는 낮은 자존감으로 인해 애써 부인하거나 희석하지 않는다. 오히려 하나님이 자신에게 말씀하시는 음성으로 내면화한다. 보아스는 많은 추수꾼들과 이삭 줍는 과부들 앞에서 공개적으로 그녀를 높인다. 머리를 들게 하며 축복한다. 그리고 제사장적 축복을 한다. "여호와께서 네가 행한 일에 보답하시기를 원하노라." "이스라엘의 하나님 여호와께서 그의 날개 아래에 보호를 받으러 온 네게 온전한 상 주시기를 원하노라." 낯선 무리 앞에서 룻은 보아스의 축복의 언어를 통하여 하나님의 기름부음을 간접적으로 경험한다. 보아스가 두 번째 한 말은 시편 91편 1절과 4절의 말씀을 연상시킨다. "지존자의 은밀한 곳에 거주하며 전능자의 그늘 아래에 사는 자여.... 그가 너를 그의 깃으로 덮으시리니 네가 그의 날개 아래에 피하리로다 그의 진실함(faithfulness)은 방패와 손방패가 되시나니."

룻은 다시 대답한다. "내 주여(my lord) 내가 당신께 은혜 입기를 원하나이다(May I continue to find favor in your eyes)나는 당신의 하녀 중의 하나와도 같지 못하오나 당신이 이 하녀를 위로하시고 그 마음을 기쁘게 하시는 말씀을 하셨나이다."룻은 자신의 처지와 자신이 느낀 감정을 그대로 표현한다. 미성숙한 사람은 자신의 감정을 제대로 인식하지 못하거나 제대로 표현하지 못한다. 그러나 그녀는 권위자 앞에서 자신을 겸손하게 낮추면서도 자신이 원하는 것을 잘 표현한다. 그리고 자신이 위로 받은 감정을 솔직히 드러낸다.

보아스는 룻의 마음 저변에 깔려있는 깊은 상실감을 밖으로 몰아내는 심리치료사가 된다. 룻의 핵심적인 감정과 핵심적인 필요를 채워준다. 그리고 그녀에게 인정하는 말을 함으로써 그녀의 머리를 들게 한다. 심리적으로 그녀를 일하는 사람들과 연결시킴으로써 외롭지 않게 한다.

내 잔이 넘치나이다

식사시간(아마도 점심)에 룻은 보아스와 추수꾼들의 식탁에도 초대된다. "이리로 와서 떡을 먹으며 네 떡조각을 초에 찍으라." 보아스는 곡식 베는 자들과 함께 먹는 주인의 식사 자리에 그녀를 초대한다. 한 솥밥을 먹는 '식구'로 인정해준다. 그리고 볶은 곡식을 먹으라고 권한다. 원하는 것을 배부르게 먹을 수 있도록 배려한다. 만약 그 식사 자리가 눈치 보이고 긴장하게 하는 자리였다면 아무리 진수성찬의 자리라 해도 룻에게는 거북했을 것이다. 그러나 그녀는 모처럼 여럿이 먹는 식사 자리에서 편안함을 경험한다. 그녀는 먹고 남을 정도로 풍족하게 그리고 편안하게 먹는다. 그녀는 참으로 떡집인 베들레헴에서 동네 사람들과 편안하게 떡을 먹는다. 그녀는 이 떡집에서 하녀가 아니라 안주인으로서 혹은 초대받은 손님으로서 예우받는다.

룻이 식사를 마치고 자리에서 일어설 때 보아스는 또다른 은총을 베푼다. 곡식 베는 일꾼들에게 보아스는 룻이 이삭을 주울 때 당황하게 하거나 야단치지 말 것을 명한다. 심지어 추수한 곡식 단에서 일부를 뽑아버리라고 말한다. 그녀가 여유 있게 거둘 수 있도록 말이다.[21] 그리고 다시 덧붙인다. "그녀를 꾸짖지 말라." 약자인 룻의 자존심에 상처를 주지 않으면서도 너그럽게 베푸는 그의 따스함과 지혜가 그의 배려에 묻어난다.

보아스의 이런 모습은 하나님이 자기 자녀를 대하시는 모습을 잘 표상한다. 하나님의 사랑은 너그러울 뿐 아니라 무례하지 않다. "(사랑은)무례히 행하지 아니하며"라고 바울은 사랑의 하

---

21) 라우는 집단중심적인 사회에서 추수하는 자리에 있었던 이들은 보아스가 외국 여인 룻에게 특별한 배려를 하는 것에 대해서 이해하기 힘들었을 수도 있고 이 모압 여인이 이스라엘의 이삭줍기 율법의 혜택을 보는 것을 원하지 않았을 수도 있었을 것이라고 주석한다. Lau, *Ruth*, 163.

나님을 잘 표현했다(고전 13:5). 하나님은 자기 자녀의 바운더리를 함부로 침범하지 않으신다. 사랑이란 이름으로 조종하거나 통제하지 않으신다.

룻은 아침부터 저녁까지 보리 이삭을 부지런히 줍는다. 그리고 저녁 무렵 까부르기를 해서 양을 확인한다. 놀랍게도 그 양은 약 한 에바, 즉 22리터나 되는 양이었다. [22] 여성의 힘으로 가지고 가기에 버거울 정도의 이삭을 주은 것이다. 룻의 능력이 아니라 보아스의 배려 덕분이었다.

기업 무를 자 보아스

나오미는 많은 양의 보리를 보고 깜짝 놀란다. 그리고 특별한 무슨 일이 있었음을 직감한다. 그래서 그녀는 묻는다. "오늘 어디서 이삭을 주웠니? 어디에서 일했는데?" 그녀는 덧붙인다.

---

22) 라우는 1 에바의 양을 정확하게 추정하는 것은 어렵다면서 약 22리터에서 40리터까지 범위에 드는 양으로 추정한다. 무게로는 13. 6 kg에서 22. 7kg 정도로 추정한다. 주전 9세기 경의 남자 일꾼 한명의 하루 정량이 0. 45kg에서 0. 9kg 정도였다고 덧붙인다. 라우는 룻이 주은 양이 적어도 일주일분에 해당하는 것이었다고 주석한다. Lau, *Ruth*, 166. 룻과 나오미가 먹는 양이 장정 하루치 식량 정도와 비슷하다고 본다면 룻이 첫날에 주은 이삭은 약 한달치에 해당되는 많은 양이었다.

심리학으로 읽는 룻기

"너를 돌본 자(the man who took notice of you)에게 복이 있기를." 누군가가 룻에게 배려하지 않고서는 그렇게 많은 양의 보리를 주울 수 없다는 것을 나오미는 직감했기 때문이다. 룻은 자기가 이삭을 주웠던 밭 주인의 이름을 말한다. "내가 함께 일한 남자(the man I worked with)의 이름은 보아스에요." 룻은 자신이 보아스와 함께 일했다고 표현하여 친밀감을 드러낸다.

"오늘 일하게 한 사람의 이름은 보아스"라는 룻의 대답을 듣자 '기업 무를 자' 율법이 나오미에게 '전경'(foreground)으로 인식된다. 무의식 상태에 있었던 그의 존재와 그가 기업무를 자 중의 하나라는 사실이 나오미의 뇌에 비로소 의식화된다. 나오미는 보아스의 선대에 감사하는 표현을 한 후에 룻에게 한 마디 덧붙인다(she added). "그런데 그 사람은 우리의 가까운 친척이지. 그는 우리의 기업 무를 자 중의 한 사람이야." 그리고 나오미는 보아스에게 여호와의 복이 있기를 기원한다. 그리고 그가 살아 있는 자신과 룻, 그리고 죽은 남편과 두 아들에게 호의(his kindness)를 베풀기를 그치지 아니해왔다고 말한다.[23]

---

23) 라우는 보아스를 향한 나오미의 축복에서 산자와 죽은 자에 대한 헤세드를 포기하지 않았던 자가 보아스를 의미하는 것인지 아니면 여호와를 의미하는 것인지에 대해서는 학자들의 논란이 있음을 언급한다. 그는 룻기 기자가 의도적으로 애매하게 묘사한 것을 이해한다. 그래서 보아스와 여호와 모두를 지칭하는 것이라고 주석한다. Lau, *Ruth*, 39.

기업 무름은 친족에게만 주어진 의무이자 특권이다. 보아스는 기업 무를 자 중의 한 사람으로서 마침내 룻과 연결되며 나오미와도 연결된다. 구속사적으로 보아스는 모든 믿는 자의 유일한 기업 무를 자(the Kinsman-Redeemer)이신 예수 그리스도를 선명하게 예표한다.

예수님은 우리의 친족이 되시려고 참 사람으로 하늘에서 내려오신 하나님이시다. 그는 자기의 보배로운 피로 우리 각자를 구속하신다(redeem). 그리고 자신의 신부가 되게 하시며 하나님의 아들과 딸이 되게 하신다. 전에는 모압인으로서 이스라엘 공동체에 접붙임을 받을 수 없었던 룻처럼 우리도 이스라엘 공동체 밖에 있었던 외국인들이었다. 24) 그런 우리가 하나님의 전

---

24) 라우는 룻을 이민자로서의 이해하면서 그녀를 대했던 보아스와 베들레헴 동네 사람들의 태도를 특히 기아나 전쟁이나 억압을 피해서 이민오는 자들을 대하는 태도에 적용할 필요성을 언급한다. '모압 사람,' '외국인,' 또는 '난민'이라는 익명의 사람으로 대하기보다 이름과 가족을 가진 한 '인격체'로서 대해야 할 필요성을 지적한다. Lau, *Ruth*, 181. 라우는 성경 전체에 '이주'(migration)라는 주제는 아브라함과 이삭과 야곱의 역사에서 뿐 아니라 이스라엘 역사 전체 그리고 신약 성경에서도 관통하여 흐름을 잘 지적한다. 그는 하나님도 이주자이자 난민이었다는 흥미로운 주석을 한다. 예수 그리스도는 하늘나라에서 이 땅에 이주해오셨으며 이집트에 그의 부모와 함께 피난하여 난민자가 되셨다는 것이다. 더 나아가 그는 죽은 자의 자리까지 내려가셨다가 다시 사셨다고 말한다. 성령이 오신 후에 신약 교회 성도들은 '흩어진 자'가 되었으며 신약에서는 성도들을 '체류자'(sojourners), '거류민'(aliens), 또는 '나그네'(strangers)라고 부른다고 덧붙인다(빌 3:20, 히 11:13-16, 벧전 2:11 참조). Lau, *Ruth*, 182.

심리학으로 읽는 룻기

적인 은혜로 예수님의 형제와 자매가 되어 하나님을 '아빠 아 버지!'라고 부를 수 있는 특권을 누리고 살고 있다. [25] 그리고 예수 그리스도의 피로 의롭게 되어 흠도 티도 없는 그리스도의 신부인 교회의 일원으로서 살고 있다. 인간의 관점에서 우리는 여전히 허물과 흠이 많이 있는 존재이다. 지상교회도 흠이 많 다. 그러나 하나님의 관점에서는 허물과 흠이 가리워진 의로운 공동체이다. 우리는 하나님 나라의 시민권을 이미 가진 자로서 이 땅에서 살고 있다. 이 땅을 떠나는 날 우리는 영원한 나라에 서 기업을 얻어 살 것이다.

룻은 자기가 점심 때 배불리 먹고 남긴 떡을 나오미에게 내 놓는다. 룻이 거둔 이삭은 두 사람이 한 달 이상 충분히 먹을 수 있는 양이었다. 열흘만 이런 식으로 줍는다면 두 과부가 일년 치 양식을 걱정하지 않아도 될 정도였다. 하나님은 일년 치 양식이 아니라 룻과 나오미가 평생 먹고 살 걱정을 할 필 요가 없는 길을 준비하고 계셨다.

---

25) 가족관계란 참 중요하다. 자식과 부모의 관계가 법적으로 인정받으면 특권을 누린다. 배우자와의 관계도 마찬가지이다. 책임과 특권이 있다. 상속권도 있 다. 하나님과 우리와의 관계도 하나님의 법, 즉 하나님의 언약으로 보증된 것 이다. 하나님의 자녀가 되면 하나님의 자녀의 기업을 누리는 특권을 가진 자 가 되는 것이다. 이 사실을 의식화하면서 하늘 나라의 시민권자로서 이 땅에 서 두려움 없이 살아가는 성도가 되길 바란다.

보아스에게는 일하는 여종들이 여러 명 있었다. 그러나 그들은 보아스의 아내가 될 수 없었다. 그러나 여종들과 함께 일했던 이방 여인 룻이 보아스의 아내가 된다. 왜냐하면 보아스는 엘리멜렉과 연결짓기가 된 친족이었기 때문이다.

룻은 보아스가 했던 호의의 말을 나오미에게 더 알려준다. "내 추수를 다 마치기까지 너는 내 소년들(my workers)에게 가까이 있으라 하더이다."[26] 이 말에서 나오미는 보아스의 호의의 깊은 의미를 간파한다. 그리고 보아스가 어떤 큰 그림을 그리고 있는지에 대해서 직감한다.

나오미는 룻에게 보아스의 배려를 고려하며 며느리가 불의의 희롱을 당하지 않도록 경계한다. "내 딸아 너는 그의 소녀들과 함께 나가고 다른 밭에서 사람을 만나지 않는 것이 좋으니라." 영어 성경은 나오미의 염려를 더 실감 있게 잘 번역한다. "Because in someone else's field you might be harmed."[27]

---

26) 라우는 이스라엘의 추수기는 약 7주 정도 지속되며 4월부터 시작해서 6월초에 이르는 기간이라고 주석한다. Lau, *Ruth*, 180. 오순절은 추수기가 끝나는 시기와 맞물린다.

27) 구약시대에서 고아와 과부는 보호해주는 울타리가 없었다. 따라서 그들의 바운더리는 쉽게 침해당할 위험성에 노출되어 있었다. 특히 사사기 시대는 더욱 그러했다. 사사기 마지막 부분에 이스라엘이 예기치 못한 사건으로 내전이 벌어져 베냐민지파가 거의 멸절하는 사건이 등장한다. 남편도 있고

출산의 소망이 전혀 없던 나오미에게 기업 무를 자가 있다는 사실은 소망의 빛을 비춘다. 나오미와 룻의 내러티브는 가뭄, 죽음, 불임의 내러티브에서 풍년, 임신, 출산의 내러티브로 바뀐다. 보리 추수는 끊어진 엘리멜렉의 가문이 회복될 것을 알리는 서곡(prelude)이었다.

따르는 종들이 있었음에도 불구하고 집으로 돌아가는 도중에 그 남자의 첩이 기브아 주민들에게 죽을 정도로 성폭행을 당한 사건이 도화선이 된 사건이었다. 이런 시대적 상황을 고려한다면 나오미가 룻에 대하여 경계한 것은 기우가 아니었다.

Chapter 5

타작마당에서
보아스에게 청혼하는 룻

(3:1-18)

제5장

타작 마당에서 보아스에게
청혼하는 룻 (3:1-18)

1   룻의 시어머니 나오미가 그에게 이르되 내 딸아 내가 너를 위하여 안식할
    곳을 구하여 너를 복되게 하여야 하지 않겠느냐

2   네가 함께 하던 하녀들을 둔 보아스는 우리의 친족이 아니냐 보라 그가
    오늘 밤에 타작 마당에서 보리를 까불리라

3   그런즉 너는 목욕하고 기름을 바르고 의복을 입고 타작 마당에 내려가서
    그 사람이 먹고 마시기를 다 하기까지는 그에게 보이지 말고

4   그가 누울 때에 너는 그가 눕는 곳을 알았다가 들어가서 그의 발치 이불
    을 들고 거기 누우라 그가 네 할 일을 네게 알게 하리라 하니

5   룻이 시어머니에게 이르되 어머니의 말씀대로 내가 다 행하리이다 하니라

6   그가 타작 마당으로 내려가서 시어머니의 명령대로 다 하니라

7   보아스가 먹고 마시고 마음이 즐거워 가서 곡식 단 더미의 끝에 눕는지라
    룻이 가만히 가서 그의 발치 이불을 들고 거기 누웠더라

8   밤중에 그가 놀라 몸을 돌이켜 본즉 한 여인이 자기 발치에 누워 있는지라

9   이르되 네가 누구냐 하니 대답하되 나는 당신의 여종 룻이오니 당신의 옷
    자락을 펴 당신의 여종을 덮으소서 이는 당신이 기업을 무를 자가 됨이니
    이다 하니

10 그가 이르되 내 딸아 여호와께서 네게 복 주시기를 원하노라 네가 가난하건 부하건 젊은 자를 따르지 아니하였으니 네가 베푼 인애가 처음보다 나중이 더 하도다

11 그리고 이제 내 딸아 두려워하지 말라 내가 네 말대로 네게 다 행하리라 네가 현숙한 여자인 줄을 나의 성읍 백성이 다 아느니라

12 참으로 나는 기업을 무를 자이나 기업 무를 자로서 나보다 더 가까운 사람이 있으니

13 이 밤에 여기서 머무르라 아침에 그가 기업 무를 자의 책임을 네게 이행하려 하면 좋으니 그가 그 기업 무를 자의 책임을 행할 것이니라 만일 그가 기업 무를 자의 책임을 네게 이행하기를 기뻐하지 아니하면 여호와의 살아 계심을 두고 맹세하노니 내가 기업 무를 자의 책임을 네게 이행하리라 아침까지 누워 있을지니라 하는지라

14 룻이 새벽까지 그의 발치에 누웠다가 사람이 서로 알아보기 어려울 때에 일어났으니 보아스가 말하기를 여인이 타작 마당에 들어온 것을 사람이 알지 못하여야 할 것이라 하였음이라

15 보아스가 이르되 네 겉옷을 가져다가 그것을 펴서 잡으라 하며 그것을 펴서 잡으니 보리를 여섯 번 되어 룻에게 지워 주고 성읍으로 들어가니라

16 룻이 시어머니에게 가니 그가 이르되 내 딸아 어떻게 되었느냐 하니 룻이 그 사람이 자기에게 행한 것을 다 알리고

17 이르되 그가 내게 이 보리를 여섯 번 되어 주며 이르기를 빈 손으로 네 시어머니에게 가지 말라 하더이다 하니라

18 이에 시어머니가 이르되 내 딸아 이 사건이 어떻게 될지 알기까지 앉아 있으라 그 사람이 오늘 이 일을 성취하기 전에는 쉬지 아니하리라 하니라

롯과 보아스를 연결하는 나오미

보리 추수가 끝날 때까지 롯은 이삭을 줍는 일상을 반복한다. 첫날처럼 드라마틱한 일은 더 이상 일어나지 않는다. 매일 추수꾼들의 뒤를 따라가며 이삭을 줍고 주은 양을 확인하고 어두워질 무렵 집으로 돌아가 시어머니와 저녁을 먹는 일상이 반복된다. 특별한 변화가 없는 일상 중에도 하나님은 동행하시며 일하신다.

베들레헴에 돌아온 이후 집에만 머물며 수동적인 삶을 살던 나오미가 드디어 능동적으로 행동하기 시작한다. 2장에서 롯이 능동적이라면 3장에서는 나오미가 능동적이며 롯은 수동적이다. 나오미는 보아스가 기업 무를 자 중의 한 사람이라는 것을 롯에게 말한 뒤로 계속 생각하며 기도했을 것이다. 보아스를 염두에 두고 추수가 끝나기를 기다리던 나오미가 마침내 롯에게 의미심장한 말을 꺼낸다. "내 딸아 내가 너를 위하여 안식할 곳을 구하여 너를 복되게 하여야 하지 않겠느냐?"

나오미는 1장 9절에서 사용한 동일한 표현을 사용한다. "안식할 곳을 구하여." 젊은 과부 롯은 시어머니 나오미와 함께 사는 것 만으로도 감사하며 만족한다. 롯은 남편보다 더 중요한 대상인 여호와 하나님 안에서 이미 안식을 경험한 여인이었기 때문이다. 따라서 룻은 적극적으로 남편을 찾고자 애쓰거나 시어머니에게 재혼 이야기를 꺼내거나 만남을 주선해주기를 요청하지 않는다. 그녀는 수동적이다.

2장까지는 룻이 나오미를 위하며 보살핀다. 그러나 3장에서는 나오미가 룻의 헌신에 대하여 보답하며 능동적으로 행동한다.[1] 나오미는 자신과 거의 공생 관계에 있는 룻을 위해 구별짓

---

1) 퍼거슨은 나오미가 룻에게 제안한 방안이 모압으로 이주하려던 방안을 선택했던 옛 방식의 잔여물이라는 흥미로운 해석을 한다. Ferguson, *Faithful God*, 84. 룻의 재혼에 대해서 룻이 취했던 것처럼 수동적으로 기다리는 것이 하나님의 뜻인지 아니면 나오미가 취한 것처럼 적극적으로 계획을 세우고 행동하는 것이 하나님의 뜻인지 분별하기 어려울 때가 많은 것이 신앙인의 현실이자 갈등이다. 어디까지 인간이 계획하고 행동해야 하는 것인지 균형을 잡기가 어려울 때가 많다. 극단적으로 어느 한쪽 만을 고집하는 것은 균형을 잃은 것이라고 볼 수 있다. 잠언 16장의 세 절의 말씀이 균형을 잡는데 도움을 준다. "마음의 경영은 사람에게 있어도 말의 응답은 여호와께로부터 나오느니라"(1절). "사람이 마음으로 자기의 길을 계획할지라도 그의 걸음을 인도하시는 이는 여호와시니라"(9절). "제비는 사람이 뽑으나 모든 일을 작정하기는 여호와께 있느니라"(33절). 하나님께서 각 사람에게 생각할 수 있는 두뇌와 자유의지를 주신 것을 최대한 잘 선용하는 것이 하나님의 뜻이다. 의존성 성격장애를 가진 사람은 스스로 생각하거나 고민하거나 결정하지 못한다. 심리적으로 미성숙하기 때문이다. 하나님은 성도가 성숙한 삶을 살기 원하신다. 죄가 아닌 영역에 있어서 신앙인은 사고하고 계획하고 시행하는 자유와 창의성과 지혜를 발휘하는 것이 필요하다. 실수할까 두려워 아예 생각하지 않거나 행동하지 않는 것은 달란트를 땅에 묻어둔 악한 종과 같은 삶의 태도가 될 수 있다. 따라서 추수기가 끝날 때까지 기다렸던 나오미가 계획하고 제안한 방식은 굳이 인본주의적인 방식이라고 해석할 필요가 없다. 하나님은 나오미의 계획과 룻의 실행의 과정에 역사하셨고 그들의 모험을 통해 보아스가 신속하게 행동할 수 있는 계기를 마련해주셨다. 물론 하나님은 나오미의 방식이 아

기를 할 수 있도록 재혼의 기회를 주선한다. 룻이 부담과 책임을 덜도록 배려한다. 룻이 부양자인 남편에게 속함으로써 피부양자의 혜택을 누릴 수 있게 한다. 나오미는 단순히 가문을 잇기 위해서 룻을 이용하는 시어머니가 아니었다. 그녀의 일차적인 관심은 그녀의 가문을 잇는 것보다 룻이 안식할 수 있도록 배려하는 것에 있었다.[2]

나오미는 집에서 시간을 보내지만 밖에서 일어나는 일과 일어날 일에 대하여 볼 수 있는 혜안을 가지고 있었다. 심지어 그녀는 '오늘 밤에' 보아스가 타작 마당에서 보리를 까불 것이라고 말한다. 그리고 보아스가 할 행동들을 정확하게 예측하여 룻에게 알려준다. 그녀는 타작 마당에서 일어나는 '의식'(rituals)에 대해 잘 알고 있었다.

나오미는 룻에게 목욕을 하고 향유를 바르고 제일 좋은 옷으로 갈아 입으라고 말한다.[3] 이것은 신부가 치장하는 것과 비

닌 다른 방식으로라도 룻과 보아스를 연결하시는 섭리를 베푸셨을 것이다.
2) 라우는 나오미의 적극적인 계획과 행동이 자신의 유익도 고려한 것이라고 보는 해석에 대해서 인간의 심리상 복합적인 동기가 작용할 수 있음을 인정한다. 하지만 일차적인 동기는 룻의 유익을 추구하는 것이라고 주석한다. Lau, *Ruth*, 187. 1장에서 나오미가 두 며느리를 모압으로 돌려보내려고 했을 때는 오히려 그녀는 자신의 유익을 더 고려했을 것이다. 그러나 3장에서 나오미는 자신의 유익에 앞서 룻의 유익과 행복에 더 초점을 맞추는 모습으로 변화한다.
3) 라우는 씻고, 향유를 바르고, 새 옷으로 갈아 입는 행위가 다윗이 밧세바 사이에서 얻은 아기가 죽었다는 소식을 듣자 한 행동과 일치하는 것이라고 지적하

숫하여 결혼을 암시한다. 나오미는 룻에게 타작 마당에서 사람들의 눈에 띄지 않게 숨어 있으라고 말한다. 보아스가 타작 일을 마친 후에 먹고 마시며 자리에 누울 때까지 숨어 있던 룻은 긴장감과 기대감으로 심장이 모처럼 콩닥거렸으리라. 보아스가 눕는 자리를 정확하게 알기 위해서는 한눈도 팔 수 없는 시간을 몇 시간 보냈으리라. 잠시라도 한눈 파는 사이에 보아스가 눕는 모습을 보지 못하면 보아스가 아닌 다른 일꾼이 누운 곳 발치에 눕게 되는 해프닝이 벌어질 수도 있기 때문이다. 그렇게 된다면 야곱이 레아에게 속아 첫날 밤을 보냈던 결과가 생기지 말란 법도 없었다.

룻은 나오미에게 질문도 하지 않고 대답한다. "어머니의 말씀대로 내가 다 행하리이다(I will do whatever you say)." 이 대답은 예수님의 말씀에 순종해서 그물을 내린 베드로의 고백을 연상하게 한다. "(주의) 말씀에 의지하여 내가 그물을 내리리이다"(눅 5:5). 룻은 시어머니 나오미의 생각과 계획에 대해 전적으로 신뢰한다. 4)

면서 이 일련의 행동은 룻이 남편을 잃은 애도 기간을 마무리하고 재혼을 할 준비가 되어 있음을 보여주는 행동이라고 주석한다. Lau, *Ruth*, 190. 영거도 라우의 견해와 같은 주석을 한다. Younger, *Judges, Ruth*, 577.

4) 라우는 룻이 야간에 공격을 받을 수도 있는 성밖에 나간다는 것은 모험을 감행하는 일이었으며 보아스가 룻이 자신을 성적으로 유혹하는 것으로 오해한다면

심리학으로 읽는 룻기

최고의 옷차림으로 베들레헴 성을 빠져나가 보아스의 타작 마당 근처로 가는 룻의 모습을 누군가 보았을 것이다. 늘 집과 밭을 오가며 일하던 룻이 단정한 옷차림으로 저녁 무렵 성문 밖으로 나가는 모습을 보고 고개를 갸우뚱거렸으리라.

타작 마당에서 보아스에게 청혼하는 룻

보아스는 추수 타작 마당에서 먹고 마시고 흥에 겨워한다. 그러나 보아스는 왕의 잔치 같은 잔치를 차려놓고 취할 때까지 마시고 다윗의 전령들의 요청에 환대하기는 커녕 모욕적으로 대했다가 하나님의 치심을 받아 돌처럼 굳어서 죽은 나발처럼 행동하지 않는다(삼상 25:2-38 참조). 그는 기분 좋게 적절한 양의 포도주를 마시고 잠자리를 청한다. 만약 그가 만취 상태였다면 발치에 누워있는 룻을 알아차리지 못했을 것이다. 그리고 룻의 청에 대해서 지혜롭게 반응하지 못했을 것이다. 본문은 침묵하지만 하나님은 보아스의 음주에도 간섭하신다.

그녀가 수치를 당할 수도 있는 위험부담이 있는 일이었다고 주석한다. 그녀는 이런 위험을 무릅쓰고 시어머니 나오미의 계획에 순종하기로 선택했다고 덧붙인다. Lau, *Ruth*, 195.

롯은 타작 마당의 볏단 맨 마지막 부분에 자리를 깔고 잠이 든 보아스의 발치에 가서 이불을 덮고 눕는다. 5) 그녀가 바른 향유 냄새가 났을텐데 보아스는 알아차리지 못한다. 그러나 한 밤중에 그는 잠에서 깨어난다. 차가운 밤공기 탓이었을 것이다. 몸을 돌이켜 그의 발치에 누워 있는 한 여인을 발견하고 매우 놀란다. 꿈인지 생시인지 아니면 술기운에 헛것을 본 것인지 헷갈렸으리라.

"당신은 누구요?" "나는 당신의 종 룻입니다." 룻은 덧붙인다. "당신의 옷자락 부분을 펴서 나에게 덮어주세요. 왜냐하면 당신이 기업을 무를 자이기 때문입니다."6) 룻의 이 말은 2장에서 보아스가 룻에게 한 말, "여호와께서 그의 날개 아래에 보호

---

5) 영거는 발치에 눕는다는 표현은 둘이 남편과 아내처럼 나란히 눕는 것을 의미한다고 주석한다. 성관계적인 행동을 의미하는 것은 아니라고 덧붙인다. Younger, *Judges, Ruth*, 578. 나란히 누웠다면 보아스는 잠에서 더 빨리 깨어났을 것이다. 정황을 염두에 둔다면 문자적으로 발치에 누웠다고 이해하는 것이 정확할 것이라고 필자는 본다. 라우도 '발치'는 보아스보다 훨씬 사회적 신분이 낮고 청원하는 입장에 있었던 롯이 눕기에 보다 적합한 장소였다고 주석한다. '발앞에'는 권위를 가진 사람에게 의존하며 순복하는 것을 의미하는 것으로 구약에서 사용되었다고 덧붙인다. Lau, *Ruth*, 203-204.

6) 라우는 나오미가 룻에게 "그가 네 할 일을 네게 알리리라"라고 말했는데 룻은 자신의 신분을 밝힌 후에 적극적으로 보아스에게 "당신의 옷자락을 펴 당신의 여종을 덮으소서"라고 요청하고 있음은 뜻밖의 모습이라고 지적한다. 그리고 롯이 보아스에게 그의 옷자락을 덮어달라고 청한 것은 실제적인 의미보다는 결혼을 통해 보호해달라는 상징적 의미를 띤 말이라고 주석한다. Lau, *Ruth*, 205.

심리학으로 읽는 룻기

를 받으러 온 네게 온전한 상 주시기를 원하노라"를 연상하게 한다. 룻은 보아스의 날개 아래에서 보호를 받기를 요청한다.

보아스는 당황하지 않고 룻을 안심시킨다. "The Lord be with you!" 그렇게 말을 한 후에 그는 "이 헤세드는 당신이 이전에 보여주었던 것보다 더 큰 것이군요"라고 말한다.[7] 룻보다 훨씬 나이가 많은 남자에게 율법에 순종해서 결혼을 신청하는 것은 보아스의 입장에서는 감동적이며 감격적인 환대였다.[8] 보아스는 젊은 남자를 만나기를 원할 수도 있는데 자신에게 다가온 룻에게 감동한다. "You have not run after the younger man, whether rich or poor"(당신은 가난하건 부하건 보다 젊은 남자를 찾지 않았군요). 룻이 인간적인 욕망과 욕구를 추구했다면 보아스보다는 훨씬 젊은 남자를 원했을 수도 있었다. 만약 이상화와 가치절하의 극단적인 대상관계를 맺는 것이 특징적인 경계성(borderline) 성격장애가 룻에게 있었다면 그녀는

---

7) 룻기에 등장하는 핵심적인 단어는 '인애'(kindness, *hesed*)이다. 라우는 *kin*dness는 다른 사람이 친족(kin)이 아님에도 불구하고 친족처럼 대하는 것이라고 어떤 사람이 말하는 것을 들었다고 소개한다. Lau, *Ruth*, 229. 의미 있는 언어유희라 생각한다.
8) 라우는 보아스의 나이가 그의 언어 사용 방식이나 룻을 대하는 태도를 미루어 볼 때 적어도 나오미의 세대에 해당했을 것이라고 추정한다. 그리고 보아스는 룻이 자신을 선택했다는 사실에 대해서 기뻐하며 심지어 기분이 으쓱해진(flattered) 것처럼 보인다고 주석한다. Lau, *Ruth*, 209.

기분에 따라 이 남자 저 남자를 찾아 기웃거렸을 것이다. 그러나 룻은 심리적으로, 영적으로 성숙하며 현숙한 여인이었다. 보아스는 사람을 외모로 취하지 않고 시어머니의 말과 율법의 가르침에 기꺼이 순종하는 그녀의 모습에 감동한다.

보아스는 이어 룻을 다독인다. "그리고 이제 두려워하지 말라." 그리고 룻의 편에서, 룻을 위해 할 수 있는 것을 다 할 것이라고 약속한다.[9] 그리고 그녀의 인품을 칭찬한다. 모든 마을 사람들이 룻을 a woman of noble character(고결한 성품을 가진 여자)로 알고 있다고 확인해준다.[10] 룻의 이 인품은 잠언 31장

---

9) 라우는 나오미가 위험부담이 큰 계획을 주도적으로 진행하기 전에 보아스가 룻과 나오미가 장기적으로 안정적인 삶을 살 수 있도록 왜 먼저 주도권을 행사하지 않았을까? 라는 질문이 제기될 수 있다고 주석한다. 가능한 첫번 째 이유로 그는 아마도 룻이 이삭 줍는 추수기 동안 계속 상을 당한 사람이 입는 옷을 입고 다녔을 가능성에 있다고 본다. 그녀가 입은 옷이 그녀가 아직 재혼할 준비가 되어 있지 않음을 상징했기 때문이라는 것이다. Lau, *Ruth*, 196. 한국 문화에서도 이전에는 적어도 3년 상을 치르면서 옷에 베조각으로 만든 상주의 표식을 붙이고 활동하는 것이 관례였던 점을 고려하면 충분히 가능한 해석이라고 본다. 또 다른 이유로서 라우는 엘리멜렉의 기업을 무를 자가 되겠다고 자원할 때 더 가까운 기업무를 자가 있었던 것도 한 이유이지만 더 문제가 되는 것은 보아스가 나오미와 결혼을 해서 엘리멜렉의 가계를 이어야 하는데 나오미가 출산할 수 있는 나이를 넘긴 여성이었기 때문에 적극적으로 나서지 못했을 것이라고 주석한다. 보아스가 나오미와 결혼을 한다 하더라도 결국 엘리멜렉의 대가 끊기는 결과가 오기 때문에 뾰족한 수가 없었을 것이라고 덧붙인다. 따라서 나오미가 룻을 타작마당에 보내어 룻을 보아스와 연결하도록 주선한 것은 보아스의 난처한 입장을 해결하는 묘책이었다고 주석한다. Lau, *Ruth*, 196.
10) 라우는 2장에서는 대낮에 많은 사람들이 보는 앞에서 룻과 보아스가 대화를 하는 반면 3장에서는 밤중에 아무도 보지 않는 상황에서 룻과 보아스가 대화

에 등장하는 현숙한 여인의 모습과 중첩된다. 그녀의 현숙함은 하루 아침에 생긴 것은 아니었다. 그녀가 성인기에 만났지만 여호와 하나님을 만난 이후에 생긴 내면적 변화가 그녀의 현숙함에 중요한 역할을 했을 것이다. 또한 심리학적으로 이해한다면 룻의 원부모가 모압 사람이기는 하지만 인품이 비교적 성숙한 사람이어서 그녀가 안정된 성장기를 보내며 적절한 가정교육을 받았을 가능성이 높음에서 그녀의 현숙함을 설명할 수 있다. 아울러 그녀의 성숙함은 짧은 기간이었지만 남편 말론과 시어머니 나오미와의 좋은 대상관계 경험이 내면화된 것이라고 설명할 수 있을 것이다.

보아스는 룻과 나오미의 예상과 달리 자신보다 엘리멜렉과 더 가깝게 연결된 친족이 있음을 말한다.[11] 보아스는 자신의 정욕대로 행하는 사람이 아니었다. 보아스 역시 고상한 인격을 소유한 사람이었다. 젊은 모압 여인이 적극적으로 의사를 표현했

를 하는 것이 대조를 이룬다고 잘 지적한다. Lau, *Ruth*, 4-5. 그는 보아스와 룻의 첫번째 만남은 '우연히' 보아스의 밭에서 이루어지지만 두번째 나오미의 '계획에 따라' 보아스의 타작마당에서 이루어진다고 통찰력 있게 주석한다. Lau, *Ruth*, 197.

11) 라우는 2장에서 보아스는 고아와 과부들을 배려하는 율법의 요구 이상으로 룻에게 너그럽게 베풀지만 3장에서 그는 더 가까운 친족에게 있는 기업무를 자의 권리를 존중하며 법적 규정을 침해하지 않기 위해 신중하게 행동하는 모습을 보여준다고 잘 주석한다. Lau, *Ruth*, 5.

을 때, 그리고 그 또한 이성적인 호감과 매력을 그녀에게 느꼈음에도 불구하고 자신의 소견대로 행하지 않는다.[12] 보아스는 사사 시대의 시대정신을 따르지 않는다. 그는 진실에 직면한다. 사실을 숨기지 않는다. 그리고 내일 아침에 그 사람이 기업 무를 자의 책임을 지겠다고 하면 좋고 만약 그렇게 하지 않겠다고 할 경우에는 "여호와의 살아계심을 두고 맹세하노니 내가 네게 이행하리라"라고 확언한다.

기업 무를 자의 책임과 권리에 대해서 보아스는 자신의 아내의 의견을 묻지 않고 독자적으로 판단하며 결정한다. 그는 이미 결혼한 자였을 가능성이 매우 높다.[13] 그러나 그는 아내보다 하

---

12) 라우는 포도주에 취해 두 딸들과 동침한 롯과 창녀로 변장해서 시아버지 유다와 동침한 며느리 다말의 경우가 유혹적일 수 있는 룻의 접근에 대해서 포도주를 마시고 어느 정도 취해 있었을 수도 있는 보아스에게도 일어날 것인지에 대해 이 부분의 룻기가 낭독될 때 듣는 청중이 긴장하면서 들었을 것이라고 주석한다. Lau, *Ruth*, 194. 보아스가 일반적인 남자와 같은 수준이었다면 그 밤에 충동적으로 룻과 동침했을 가능성이 크다. 아무도 보지 않는 캄캄한 밤에 그것도 적극적으로 찾아온 젊은 여성 룻에게 막 잠에서 깨었고 포도주 기운도 남아 있는 상태에서 이성과 신앙보다 충동이 더 힘을 발휘할 수도 있는 상황이었기 때문이다. 그러나 보아스는 놀랄 정도로 침착하게 대응하며 절제하는 심리적, 영적 성숙도를 보여준다. 보아스는 현대 크리스천들에게 심리적으로 성숙하며 영적으로 분별력 있는 남성의 전형을 보여주는 인물이다. 이 시대는 보아스와 같은 자질을 가진 크리스천 남성들이 참으로 필요한 시대다. 보아스의 후손으로 오신 예수 그리스도는 성경적인 남성상의 원형이 되신다. 필자는 이상적인 남성상을 가진 예수님에 대해서 다음의 책에서 언급한 바 있다. 이관직,"성경적 남성상,"〈개혁주의 목회상담학〉(대서,2012), 123-134.
13) 라우는 보아스가 결혼하지 않은 상태였거나 아내와 사별한 상태였을 가능성이

심리학으로 읽는 룻기

나님의 율법의 권위에 순종하는 것을 우선시한다. 그는 망설이거나 당황하지 않고, 마치 이런 상황이 생길 것에 대해 이미 준비한 사람처럼 말하며 행동한다. 그는 일어날 수 있는 시나리오에 대해서 차분하게 룻에게 설명하며 시행하는 지혜자의 모습을 보여준다.

보아스는 룻에게 "이 밤에는 여기 머무르라 그리고 아침까지 누워 있을지니라"라고 말한다. 룻은 보아스의 말에 그대로 순종한다. 나오미에게 그랬듯이 보아스에게 순종한다. 그녀는 보아스의 말대로 새벽까지 그의 발치에 누워 있다가 사람이 서로 알아보기 힘들 정도로 어둠이 여전히 남아 있는 새벽에 자리에서 일어난다. 보아스가 이미 룻에게 조심시킨 말이 있었기 때문이다. "여인이 타작 마당에 들어온 것을 사람이 알지 못하여야 할 것이니라." 두 사람 사이에 부끄러울 것 없이 행했지만 사람들의 불필요한 오해를 사지 않도록 하기 위함이었다. 그리고 룻을 보호하기 위한 배려였다. 더 가까운 친족이 기업을 무를 경우 룻이 괜한 구설수에 오르내릴 수도 있는 피해를 입지

높다고 주석한다. 그 이유로 일부다처 경우가 당시 흔하지 않았음을 지적한다. Lau, *Ruth*, 209-210. 필자는 그의 견해와 달리 한다. 베들레헴의 유력한 자로서 부유하고 상당한 지위를 가진 자로서 그의 나이를 고려할 때 미혼의 가능성은 희박하다고 생각한다. 자녀들도 있었을 것이다. 그러나 사별의 가능성은 배제할 수 없다고 본다.

않도록 배려한 것이다.[14]

보아스는 제대로 잠을 이루지 못했으리라. 룻은 더 말할 나위 없이 뜬 눈으로 밤을 지새웠으리라. 나오미도 잠을 제대로 이루지 못했으리라.[15] 보아스는 새벽 일찍 일어나 룻에게 겉옷을 펴서 잡으라고 하며 보리를 여섯 번 되어 준다. 그의 행동에서 위험부담이 큰 방안을 제안한 나오미에 대한 그의 배려심과 감사함이 묻어난다. 그는 혼자서 성읍으로 들어간다.

결단력 있게 일을 성취하는 보아스

새벽녘에 집에 돌아온 룻은 일어났던 일을 모두 나오미에게 보고한다. 룻은 덧붙인다. "빈손으로 네 시어머니에게 가지 말라 하더이다." 보아스는 공감과 배려와 친절이 몸에 밴 남자였다. 교회오빠 같은 남자였다. 보통 연애할 때는 잘해주지만 결

---

14) 당시 타작마당은 남자들만의 공간으로 여겨지는 관습이 있었던 것 같다. 여성이 들어오는 것을 금기로 여겼던 것 같다. 나오미가 룻에게 보아스에게 접근하도록 한 방안은 타작마당의 '바운더리'를 넘는 위험부담이 큰 방안이었을 뿐 아니라 모압 여인이자 과부의 신세인 룻이 베들레헴의 유력한 자인 보아스의 사회적 지위라는 바운더리를 넘는 위험한 방안이었다.

15) 퍼거슨도 나오미가 그 날 밤에 뜬 눈으로 지새웠을 것이라고 흥미롭게 주석한다. Ferguson, *Faithful God*, 99.

혼하고 나면 잘 못하는 남편이나 아내가 많은 것이 현실이다. 보아스는 결혼하기 위해 상대방에게 좋은 면만 보여주며 방어 기제를 사용해서 친절하게 베푸는 많은 현대 청년들과 구별된다. 그의 행동은 그의 인품이 일상 생활에서 자연스럽게 배어나온 것이다.

여기에서 문득 질문이 던져진다. 룻과 보아스는 룻기에 표현된 것처럼 이상화 될 만큼 정말 성숙한 사람들이었을까? 라는 질문 말이다. 그들도 부족한 면이 있었으리라.[16] 룻은 모압이라는 불신환경에서 성장기를 보낸 여성이었고, 보아스는 사사기 시대라는 환경에서 살던 남성이었다는 점에서 그들도 약점과 한계가 있는 사람이었을 것이다. 더구나 그들도 예외없이 아담의 후손이 아니던가? 그럼에도 불구하고 보아스와 룻은 상위권에 해당할 만큼 심리적으로나 영적으로 성숙한 인물이었음은 의심할 여지가 없다.

나오미는 "이 사건이 어떻게 될지 알기까지 기다리라"라고 말한다. 그리고 "그 사람이 이 문제가 성취될 때까지 쉬지 않을 것"이라고 덧붙인다.

---

16) 야고보 사도는 기도에 대해 말하면서 엘리야 역시 한 인간이었음을 잘 지적한다. "엘리야는 우리와 성정이 같은 사람이로되"(Elijah was a man *just like us*) (약 5:17).

실제로 보아스는 이 일을 미루지 않고 당일에 곧장 실행한다. 뒤로 미루거나 우유부단하게 회피하지 않는다. 다른 업무를 우선시 해서 일하다가 깜박 잊어버리지도 않는다. 가정해서 보아스가 여러 성격장애를 가지고 있는 사람이었다면 당일에 일사천리로 일 처리하는 것은 거의 불가능했을 것이다. 강박성 성격장애를 가진 사람이었다면 완벽주의 성향 때문에 신중하게 처리하느라 결정을 미루었을 것이다. 의존성 성격장애를 가진 사람이었다면 아내나 다른 가족들의 의견을 묻느라고 시간을 보냈을 것이다. 그가 자기애성 성격장애나 반사회성 성격장애를 가진 사람이었다면 아예 기업 무를 자에 대한 율법에 대해 순종할 생각도 하지 않았을 것이다. 그러나 보아스는 범인과는 구별되는 성숙한 성품과 신앙을 가진 사람이었다.

합력해서 선을 이루시는
하나님의 메타내러티브

(4:1-22)

 제6장

합력해서 선을 이루시는
하나님의 메타내러티브
(4:1-22)

1   보아스가 성문으로 올라가서 거기 앉아 있더니 마침 보아스가 말하던 기
    업 무를 자가 지나가는지라 보아스가 그에게 이르되 아무개여 이리로 와
    서 앉으라 하니 그가 와서 앉으매

2   보아스가 그 성읍 장로 열 명을 청하여 이르되 당신들은 여기 앉으라 하
    니 그들이 앉으매

3   보아스가 그 기업 무를 자에게 이르되 모압 지방에서 돌아온 나오미가 우
    리 형제 엘리멜렉의 소유지를 팔려 하므로

4   내가 여기 앉은 이들과 내 백성의 장로들 앞에서 그것을 사라고 네게 말
    하여 알게 하려 하였노라 만일 네가 무르려면 무르려니와 만일 네가 무르
    지 아니 하려거든 내게 고하여 알게 하라 네 다음은 나요 그 외에는 무를
    자가 없느니라 하니 그가 이르되 내가 무르리라 하는지라

5   보아스가 이르되 네가 나오미의 손에서 그 밭을 사는 날에 곧 죽은 자의
    아내 모압 여인 룻에게서 사서 그 죽은 자의 기업을 그의 이름으로 세워
    야 할지니라 하니

6   그 기업 무를 자가 이르되 나는 내 기업에 손해가 있을까 하여 나를 위하
    여 무르지 못하노니 내가 무를 것을 네가 무르라 나는 무르지 못하겠노라

하는지라

7   옛적 이스라엘 중에는 모든 것을 무르거나 교환하는 일을 확정하기 위하
     여 사람이 그의 신을 벗어 그의 이웃에게 주더니 이것이 이스라엘 중에
     증명하는 전례가 된지라

8   이에 그 기업 무를 자가 보아스에게 이르되 네가 너를 위하여 사라 하고
     그의 신을 벗는지라

9   보아스가 장로들과 모든 백성에게 이르되 내가 엘리멜렉과 기룐과 말룐
     에게 있던 모든 것을 나오미의 손에서 산 일에 너희가 오늘 증인이 되었고

10   또 말룐의 아내 모압 여인 룻을 사서 나의 아내로 맞이하고 그 죽은 자의
     기업을 그의 이름으로 세워 그의 이름이 그의 형제 중과 그 곳 성문에서
     끊어지지 아니하게 함에 너희가 오늘 증인이 되었느니라 하니

11   성문에 있는 모든 백성과 장로들이 이르되 우리가 증인이 되나니 여호와
     께서 네 집에 들어가는 여인으로 이스라엘의 집을 세운 라헬과 레아 두
     사람과 같게 하시고 네가 에브랏에서 유력하고 베들레헴에서 유명하게
     하시기를 원하며

12   여호와께서 이 젊은 여자로 말미암아 네게 상속자를 주사 네 집이 다말이
     유다에게 낳아준 베레스의 집과 같게 하시기를 원하노라 하니라

13   이에 보아스가 룻을 맞이하여 아내로 삼고 그에게 들어갔더니 여호와께
     서 그에게 임신하게 하시므로 그가 아들을 낳은지라

14   여인들이 나오미에게 이르되 찬송할지로다 여호와께서 오늘 네게 기업
     무를 자가 없게 하지 아니하셨도다 이 아이의 이름이 이스라엘 중에 유명
     하게 되기를 원하노라

15   이는 네 생명의 회복자이며 네 노년의 봉양자라 곧 너를 사랑하며 일곱
     아들보다 귀한 네 며느리가 낳은 자로다 하니라

16 나오미가 아기를 받아 품에 품고 그의 양육자가 되니

17 그의 이웃 여인들이 그에게 이름을 지어 주되 나오미에게서 아들이 태어
   났다 하여 그의 이름을 오벳이라 하였는데 그는 다윗의 아버지인 이새의
   아버지였더라

18 베레스의 계보는 이러하니라 베레스는 헤스론을 낳고

19 헤스론은 람을 낳았고 람은 암미나답을 낳았고

20 암미나답은 나손을 낳았고 나손은 살몬을 낳았고

21 살몬은 보아스를 낳았고 보아스는 오벳을 낳았고

22 오벳은 이새를 낳 [았] 고 이새는 다윗을 낳았더라

기업 무를 자 아무개의 선택과 보아스의 선택

보아스는 베들레헴 성읍의 출입구인 성문 앞에 자리를 잡고
앉는다. 성문 앞에서 자리에 앉는다는 사실은 그가 베들레헴 장
로들 중의 한 사람이었을 가능성을 시사한다.[1] 설령 장로가 아
니더라도 그는 유력한 자(a man of standing)였다.

'마침' 보아스가 룻에게 언급한 기업 무를 자가 지나간다. 이
것도 하나님이 예비하신 섭리적인 만남이었다. 일을 신속하게

---

1) 라우는 보아스가 베들레헴 장로들 중에 한 사람이었을 가능성이 매우 높다
   (most likely)고 본다. Lau, *Ruth*, 211.

진행하도록 하나님이 인도하시는 발걸음이었다. "여기에 와서 앉게, 나의 친구여"라고 보아스는 말한다. 개역개정판은 '나의 친구여'를 '아무개여'라고 번역한다. 흥미롭게도 룻기 저자는 그 사람의 이름을 노출하지 않는다. 그가 조연에 해당하는 인물이어서 그럴 수 있다. 그리고 아마도 그와 그의 가족에게 수치를 주지 않으려는 배려일 수 있다.[2] 이것은 상담에서 내담자의 신원을 보호하는 '비밀보장'(confidentiality) 윤리와 비슷하다. 물론 그의 이름을 언급하지 않아도 베들레헴 사람들은 그가 누구인지 대부분 알았으리라. 나오미의 귀환에 온 마을이 떠들썩했던 것을 염두에 둔다면 보아스와 룻의 결혼 과정에 연결되었던 아무개에 대해서 적어도 동네 아낙네들은 입방아를 찧었으리라.

'아무개'씨는 사실 굳이 신분을 드러낼 필요가 없는 '익명의'(anonymous) 사람이었다. 법적으로는 엘리멜렉과 가장 가까웠지만 평소에도 나오미나 룻에게 별로 관심이 없었던 사람이었다. 그는 엘리멜렉의 기업 무를 자로서의 정체성에 대해서도 거의 인식조차 하지 않았던 것 같다. 그는 영문도 모른 채 자리에 앉는다.

---

2) 라우도 필자와 같은 입장에서 아무개와 그의 가족이 느낄 수 있는 수치로부터 보호하기 위한 기능을 하기 위해서도 익명 처리를 했을 것이라고 이해한다. Lau, *Ruth*, 238.

보아스는 열 명의 성읍 장로들을 청하여 "여기 앉으라"라고 말한다. 그들은 보아스의 말대로 자리에 앉는다. 그러자 보아스는 아무개에게 나오미의 상황에 대해서 설명한다. 그리고 "네가 만일 무르려면 무르려니와 만일 네가 무르지 아니하려거든 내게 말하라 네 다음은 나요 나 외에는 무를 자가 없느니라"라고 덧붙인다. 어쩌면 아무개는 엘리멜렉의 친형이거나 친동생이었을 수도 있다. 심지어 아무개는 보아스의 형일 수도 있다. 아무튼 보아스 외에는 더 이상 기업 무를 자가 없다는 말에서 엘리멜렉의 친족으로서 베들레헴에 남아 있는 이가 거의 없음을 알 수 있다. 어쩌면 그들도 엘리멜렉처럼 흉년을 피해 이민을 떠나서 돌아오지 않았을 수도 있다. 이미 이때부터 이스라엘 백성의 디아스포라가 시작되었을 수도 있다.

아무개는 "내가 무르리라"라고 큰 고민 없이 바로 승낙한다. 그러나 보아스는 추가 계약 조건이 있음을 덧붙인다. "네가 나오미의 손에서 그 밭을 사는 날에 곧 그 죽은 자의 아내 모압 여인 룻에게서 사서 그 죽은 자의 기업을 그의 이름으로 세워야 할지니라."[3] 그러자 아무개는 망설임 없이 대답한다. "그렇

---

3) 라우는 기업 무를 자에게 주어진 법적 책임 속에는 과부와 결혼해야 한다는 것이 명시적으로 되어 있지 않기 때문에 아무개의 반응은 이해할 수도 있는 반응이었다고 주석한다. 그는 보아스가 기업 무를 자의 책임을 규정하는 율법에 '도덕적인 논리'를 적용시켜 과부인 룻과 결혼해야 하는 패키지(package)까지 아

다면 나는 무를 수 없다. 내 기업에 손해를 끼칠 수 있기 때문에. . . ." 그는 이해타산이 빠른 사람이었다. 자신이 손해를 감수하면서까지 기업 무를 자의 책임에 대한 율법에 순종할 뜻은 없었던 것이다. 그의 말은 보아스 역시 룻을 아내로 맞아들이며 엘리멜렉의 기업을 무르는 것이 보아스의 기업에 손해를 감수하는 일임을 의미한다. 그럼에도 불구하고 보아스는 희생을 감수하며 기꺼이 기업 무르는 자의 책임을 다한다. 그 사람은 다시 확인한다. "나는 할 수 없으니 네가 무르라."

아무개는 관습에 따라 자신의 신을 벗어 약속을 보증한다.[4)]

무개에게 요구함으로써 율법 자체보다 율법의 정신을 확장시켜 적용했다고 본다. Lau, *Ruth*, 47.

4) 구약에 형사취수제(the levirate law)라는 율법이 있다. 형이 자식이 없이 죽으면 동생이 형수에게 들어가 자손을 이어주는 제도이다. 그런데 이 의무를 동생이 원하지 않을 때에는 장로들 앞에서 그 동생에게 형수가 얼굴에 침을 뱉고 '신 벗김 받은 자'라고 수치를 주도록 하는 율법이 있었다. 이 관습과 아무개의 보증 행동이 흥미롭게도 비슷하다. 신명기 25장에 이것이 명시적으로 소개되어 있다. 이 본문을 염두에 두면 아무개가 신을 벗는 행동은 단순히 계약서에 도장을 찍는 것 이상의 의미도 포함되어 있을 수도 있다는 것을 시사한다. 신명기 25장의 말씀의 맥락에서 본다면 아무개는 '신 벗김 받은 자의 집'이라 불리는 수치를 당해야 함에도 불구하고 자신의 기업에 손해가 나는 것에 더 신경을 쓴 사람이었다. 명예보다 재물을 더 가치롭게 여겼다는 점에서 그는 어리석은 자였다. 그는 '보이지 않는 것'보다 '보이는 것'에 시선을 둔 현세적인 자였다(고후 4:18 참조). 그의 가문은 대대로 '신 벗김 받은 자의 집'이라 칭함을 받는 수치를 겪었을 것이다. 그러나 보아스의 가문은 대대로 다윗의 자손이라는 명예를 얻는다. 오르바와 아무개는 중요한 시점에서 세속적인 선택을 하는 사람들의 표상이 된다. 반면 룻과 보아스는 중요한 시점에서 신앙적인 선택을 하는 사람들의 표상이 된다.

심리학으로 읽는 룻기

당시에 부동산 계약서에 도장을 찍는 것과 같은 효력을 내는 방법은 약속하는 자가 자신의 신발을 벗어 상대방에게 주는 의식이었다. 룻기 기자는 그 의미를 분명하게 드러낸다. "This was the method of legalizing transactions in Israel."

하나님의 법에 순종하는 보아스

기업 무름의 율법이 엘리멜렉의 가정을 살리며 그 가계를 이어가게 한다. 엘리멜렉과 말론과 기룐의 이름은 "성문에서 *끊어지지*" 않는다. NIV 성경은 '성문에서'의 의미를 '마을 기록부'(town records)라고 번역한다. 기업 무름의 율법은 룻과 보아스만 아니라 이스라엘의 역사에서 많은 고아와 과부들에게 혜택을 주었으리라. 모세를 통해 하나님이 주신 율법이 실제로 사람과 가정을 살리는 법으로 적용되는 것을 목도하는 것이 룻기가 주는 중요한 교훈 중의 하나이다. 이 제도는 기업 무를 자가 희생을 감수해야 하는 제도였다.[5)]

---

5) 땅이 다른 지파에게 넘어가거나 다른 족속에게 넘어가는 것을 방지하도록 가까운 친족이 희생을 해서라도 책임 분담하도록 한 것이 이 제도의 정신이다. 기업 무를 자(the kinsman-redeemer)는 히브리어로 '고엘'(*goel*)이다.

참된 기업 무를 자로 오신 예수 그리스도는 하늘 권세를 포기하시고 종의 모습을 취하심으로써 자신을 비우셨다. 자신이 친히 유월절 희생 제물이 되셨다. 자신을 완전히 희생하셨다. 보아스는 약간의 희생을 감수했지만 예수 그리스도는 전적인 희생을 감수하셨다. 자신의 보배로운 피로 '단번에 그리고 영원히' 우리를 구속하시고 하늘 나라 기업을 얻게 하셨다. 그리고 생명책에 우리 각자의 이름을 기록하셨다.

룻기가 베레스에서 시작해서 다윗에게까지 이르는 족보로 끝나는 점이 흥미롭다. 다윗이 태어나기까지 일어났던 일련의 고통스러운 사건들과 "한송이 국화꽃을 피우기 위해 봄부터 소쩍새는 그렇게 울었나보다 한송이 국화꽃을 피우기 위해 천둥은 먹구름 속에서 또 그렇게 울었나보다"라는 서정주의 싯구가 연결된다. 나오미의 눈물과 룻의 눈물이 마침내 아름다운 꽃으로 피어난다. 그들을 통해 마침내 다윗이 태어난다. 그리고 그 다윗의 후손으로 예수 그리스도께서 이 땅에 오신다.

보아스는 "엘리멜렉과 기론과 말론에게 있던 모든 것을 나오미의 손에서 산 일에 너희가 오늘 증인이 되었고 또 말론의 아내 모압 여인 룻을 사서 나의 아내로 맞이하고 그 죽은 자의 기업을 그의 이름으로 세워 그의 이름이 그의 형제 중과 그곳 성문에서 끊어지지 아니함에 너희가 오늘 증인이 되었느니

심리학으로 읽는 룻기

라"라고 선언한다.[6] 그러자 둘러선 백성과 장로들이 보아스에게 의미 있는 축복을 한다. "여호와께서 네 집에 들어가는 여인으로 이스라엘의 집을 세운 라헬과 레아 두 사람과 같게 하시고 네가 에브랏에서 유력하고 베들레헴에서 유명하게 하시기를 원하며 여호와께서 이 젊은 여자로 말미암아 네 집이 다말이 유다에게 낳아준 베레스의 집과 같게 하시기를 원하노라." 이 축복의 말대로 보아스와 룻은 베들레헴에서 유명해졌을 뿐 아니라 오고 오는 세대의 성도들에게 귀감이 되는 인물로 회자되고 있다.

보아스가 속한 유다 지파의 조상 유다와 그의 며느리 다말의 나이 차이와 보아스와 룻의 나이 차이가 비슷했을 것이라는 점에서 관계의 역동성이 닮은 부분이 있다. 둘 다 평범한 관계가 아니었다. 유다와 다말에게서는 넘지 말아야 할 성적 바운더리

---

6) 라우는 모압 여인 룻을 보아스가 아내를 맞아들이는 것에서 모압인은 여호와의 총회에 들어올 수 없다는 율법을 어긴 것이 아닌가라고 질문할 수 있는 것을 인식하고 그 율법이 금지한 것은 종족 자체보다는 종교적 의미에서 금지한 것이라고 주석한다. Lau, *Ruth*, 48. 보아스의 어머니였던 라합도 가나안 족속 여인이었지만 여호와 신앙을 고백하고 유다의 족장인 살몬과 결혼했던 것처럼 룻도 비록 모압 족속 여인이었지만 여호와 신앙을 고백하고 보아스와 결혼한 것이라고 볼 때 율법을 어긴 것이 아님을 알 수 있다. 문자적으로 율법을 적용하기보다 율법의 정신을 베들레헴 장로들과 백성들은 잘 이해하고 있었다고 볼 수 있다. 예수님께서도 바리새인과 서기관들의 율법 적용과 달리 율법의 정신과 원리를 더 강조하여 가르치셨다.

를 넘음으로서 쌍둥이 아들이 태어난다. 그러나 보아스와 룻에게서는 이스라엘 사람과 모압 사람의 바운더리를 극복하면서 아들이 태어난다. 하나님은 인간의 실수와 죄악에도 불구하고 자신의 뜻을 이루시는 분이시다. 하나님은 약한 자를 사용하여 강한 자를 부끄럽게 하신다. 역설의 하나님이자 역전의 하나님이시다.

보아스와 룻의 결혼과 아들 출산

보아스는 룻을 맞이해 아내로 삼고 그녀와 동침한다. 룻기 저자는 "여호와께서 그녀가 임신하도록 하셨다"(The Lord enabled her to conceive)라고 기술한다. 이 표현은 룻과 오르바가 말론과 기룐과의 결혼생활에서 자녀를 임신하지 못했던 이유가 하나님과 관계되어 있었음을 암시한다. 하나님은 엘리멜렉의 가정에 흉년과 불임, 그리고 죽음을 통해 말씀하고 계셨던 것이다.

룻은 아들을 낳는다. 룻이 보아스를 통해 더 아들을 가졌는지에 대해서 룻기 기자는 침묵한다. 중요한 것은 하나님이 룻의 태를 여셨다는 사실이다. 태를 닫기도 하시며 열기도 하시는 주권적인 하나님은 오늘을 사는 우리의 삶에서 길을 여시기도 하고 때로는 닫으시기도 하신다는 사실을 믿고 어떤 형편에서도 하나님을 신뢰하고 살아가자.

1장 마지막에 등장했던 동네 여인들이 다시 등장한다. 나오미가 귀향할 때 온 성읍이 소동했던 이후 베들레헴 여인들은 룻의 출산 소식으로 인해 떠들썩하게 모여 외친다. "할렐루야! 여호와께서 오늘 네게 기업 무를 자가 없지 않게 하셨도다 이 아이의 이름이 이스라엘 중에 유명하게 되기를 원하노라"라고 여인들은 나오미에게 축복한다. 여인들의 축복은 베들레헴 장로들의 축복보다 스케일이 크다. 장로들은 보아스의 이름이 베들레헴에서 유명하게 되기를 축복한다. 그런데 동네 여인들은 오벳의 이름이 그리고 그의 후손의 이름이 이스라엘 중에서 유명하게 되기를 축복한다. 하나님의 역사는 그 장로들과 여인들의 축복 그대로 이루어진다.

손자 오벳을 품에 안고 양육자가 된 나오미

'마라'가 '나오미'로 회복되는 날이 드디어 찾아온다. 기대하지 못했던 날, 꿈꾸지도 못했던 날이 드디어 도래한다! 죽음에서 부활하는 날이 온다. 나오미의 삶이 룻의 이야기처럼 동굴의 이야기가 아니라 터널 통과의 이야기였음이 드러나는 날이 마침내 찾아온다.

여인들의 축복이 계속 이어진다. "이는 네 생명의 회복자이며 네 노년의 봉양자라"(He will renew and sustain in your old age). 나오미의 빈손은 룻의 변함없는 사랑과 충절로 채워지기 시작해서 보리 이삭으로 채워진다. 그리고 마침내 남편의 이름과 아들들의 이름이 회복되며 이스라엘 역사에서 무명에서 유명으로 우뚝 선다. 더 나아가 손자 오벳을 품에 안는 손으로 채워진다. 나오미는 외쳤으리라. "그동안 참고 기다린 보람이 있었군요. 인생의 추운 겨울이 지나면 반드시 봄이 오는군요. 하나님 감사합니다." 오벳을 품에 안고 감격의 눈물을 뚝뚝 흘렸으리라. 여인들은 나오미를 계속 축복한다. "곧 너를 사랑하며 일곱 아들보다 귀한 네 며느리가 낳은 자로다."

나오미는 손자의 주 양육자가 된다. 두 아들을 키울 때보다 더 애틋한 마음으로 키웠으리라.

베들레헴 여인들이 아기의 이름을 지어준다. 공동체가 지어준 이름이다. '오벳'이란 이름은 '종'(servant, slave) 또는 '봉사하다, 일하다'라는 뜻한다. 오벳은 장차 오실 메시야, 고난의 종, 하나님의 종, 섬기는 자로 오실 예수 그리스도의 조상으로서 예표적인 뜻을 가진 이름이었다. 보아스, 룻, 나오미 모두 그 이름을 기꺼이 받아들이고 부른다. 오벳은 흉년을 극복하고 하나님께 돌아온 베들레헴 공동체의 아이가 된다. 온 베들레헴 사람들이 기뻐하며 축복하는 가운데 성장하는 아이가 된다. 아마도 예수님처럼 "지혜와 키가 자라가며 하나님과 사람에게 더욱 사랑스러워가는" 아이로 성장기를 보냈을 것이다(눅 2:52 참조).

인간의 실수와 잘못조차 합력해서 선을 이루시는 하나님

룻은 나오미에게 대상항상성을 제공하시는 하나님을 표상한다. 룻은 결코 나오미를 떠나거나 버리지 않는다. 적어도 의식적인 차원에서 그런 생각 자체를 하지 않는다. 그녀는 나오미에게 무조건적으로 헤세드 사랑을 베푼 좋은 대상이자 치료적 대상이었다.

룻기의 마지막은 족보로 끝맺는다. 그런데 그 족보는 다말이 시아버지 유다를 통해 얻은 쌍둥이 아들 중의 하나였던 베레스로부터 시작한다.[7] 베레스, 헤스론, 람, 암미나답(아미나답), 나손,

---

7) 유다의 두 아들 엘과 오난은 여호와 앞에서 악한 일을 했을 때 하나님은 그들을 죽이신다. 엘과 오난은 유다가 가나안 여인과 결혼하여 얻은 아들들이

살몬, 보아스, 오벳, 이새, 다윗. 이 족보에는 엘리멜렉이나 말론의 이름은 들어가지 않는다. 그러나 그들의 이름은 이 족보 밑에 마치 땅속에 흐르는 지하수처럼 흐르고 있다.[8]

나오미와 룻과 보아스의 내러티브는 유다의 내러티브와 연결된다. 하나님은 유다와 며느리 다말의 죄악 중에도 긍휼을 베푸시고 아브라함과의 언약을 지키신다. 그래서 그 사이에서 태어난 아들이 보아스의 조상이 되게 하시고 이방 여인 룻을 통하여 다윗의 왕가를 세우신다. 그 다윗의 왕가에서 예수 그리스

다. 장자 엘은 다말과 결혼했지만 여호와 앞에서 악을 행함으로써 먼저 죽임을 당한다. 이때 동생 오난은 형의 대를 잇는 형사취수제의 전통에 따라 형수와 동침한다. 그러나 그는 형의 대를 잇는 것을 싫어하여 형수와 성관계를 하면서 밖으로 사정한다. 이때 하나님은 그의 행위가 악함을 보시고 그 또한 죽이신다. 유다는 남은 어린 아들 세라 마저 잃을까 두려워한다. 그래서 며느리 다말에게 그녀의 본가로 되돌아가 세라가 클 때까지 혼자 지내라고 말한다. 그러나 세라가 장성한 후에도 유다는 불안해서 세라가 다말의 남편이 되도록 결혼시키는 것을 미룬다. 그러자 다말은 창녀로 변장하여 유다를 유혹해 임신하고 마침내 쌍둥이를 출산한다. 그 쌍둥이 중의 하나가 베레스이다.

8) 엘리멜렉까지 이어오던 가계는 보아스가 룻의 남편이 되어 가계가 이어진다. 사실상 두 가계가 룻을 통해 중첩된다. 예수님의 족보에서 엘리멜렉의 족보는 나오지 않는다. 보아스의 족보만 등장한다. 마태복음 1장의 족보대로라면(이 족보에 등장하지 않는 세대들로 있다) 보아스의 엄마는 라합이다. 아버지는 여리고 정탐을 했던 두 명의 정탐꾼 중의 하나였을 것으로 추정되는 살몬이다. 가나안 여인, 그것도 술을 팔며 여인숙을 하는 창녀 라합이 신앙적인 모험을 함으로써 이스라엘 공동체에 편입된다. 가나안 여인 라합이 신앙의 모험을 통해 유다 지파에 연결된 것과 모압 여인 룻이 신앙의 모험을 통해 유다 지파에 연결된 것은 '평행과정'을 이룬다. 두 세대에 걸쳐서 반복된 것이 놀랍다.

도가 오시는 선을 이루신다.

세상적으로 보면 수치스러울 수 있는 여인들이 보아스의 가계에 셋이나 등장한다. 다말과 라합과 룻이다. 다윗과 연결된 여인으로 또다른 수치스러운 여인은 밧세바이다.[9] 하나님은 놀랍게도 이 네 명의 여인들의 이름을 예수 그리스도의 족보에 기록되게 하신다. 마태복음 1장에 나오는 예수님의 족보에 이 네 명의 여인들이 등장한다는 것은 십자가 복음의 정신을 잘 보여준다. 인간의 편에서는 의로울 것이 전혀 없는 우리 모두는 예수 그리스도의 십자가와 연결됨으로써 구원을 얻어 의인이라고 칭함을 받으며 성도라 불림을 받게 된 자들이다. 여호와의 총회에 결코 들어올 수 없다고 율법에 명시적으로 규정한 모압 여인 룻이 나오미를 통해 보아스에게 접붙임을 받아 베들레헴 공동체의 일원이 된 것처럼 말이다. 하나님은 전적인 은혜를 베푸셔서 구원 역사를 오늘도 이루고 계신다.

하나님은 모압 여인 룻을 구원하시며 그녀를 통해서 다윗의

---

9) 중국계인 라우는 자신의 동아시아권 문화적 배경과 이스라엘의 문화적 배경이 '수치심'에 기반을 둔 문화라는 점에서 공통분모를 갖고 있다고 지적하면서 룻기를 이해함에 있어서 수치심이라는 관점에서 접근한 것이 특징적이다. 당시 사람들은 한 공동체에서 차지하는 사회적 입지가 명예와 수치(honor and shame)라는 핵심가치와 밀접하게 연결되어 있다고 본다. Lau, *Ruth*, 7. 나오미는 '마라'의 수치를 벗고 다윗 왕가의 조상의 반열에 오르는 영예를 갖게 된 점에서 인생 역전이 일어난 것이다.

왕가가 형성되도록 하는 놀라운 은총과 섭리를 베푸신다. 따라서 룻의 이야기는 모든 이방인들에게 소망을 주는 이야기이다. 전에는 이스라엘과는 관계가 없는 무할례자이자 이방인이었던 우리가 예수 그리스도의 십자가 죽음을 통하여 하나님의 자녀가 되며 하나님 나라의 백성이 된 것은 전적으로 하나님의 은혜이다.

룻기 저자는 특이하게 모세 오경이나 역사서에 인물을 소개하듯이 누구의 아들, 누구의 손자라는 식의 인물 소개를 하지 않는다. 엘리멜렉, 나오미, 보아스 다 그렇다. 물론 오르바나 룻도 마찬가지이다. 보아스의 족보가 룻기 맨 마지막을 장식하지만 말이다. 가문이 있거나 알려진 사람이 아닌 그저 평범한 사람의 이야기 속에 역사하신 하나님의 섭리를 강조하기 위한 저자의 의도일 수 있다. 그렇다면 룻이나 나오미의 이야기는 우리 모두의 이야기로 동일시 될 수 있을 것이다.

에필로그

보아스와 룻은 다윗의 조상이 된다. 다윗의 자손으로 오실 구원자 예수의 족보에 그들의 이름이 올라가는 조상이 된다. 그들은 하나님의 헤세드를 일상의 삶에서 잘 구현한 신앙인물이었다. 그들도 죄성과 연약성을 갖고 있는 한 인간이었다. 그러나 각자의 소견대로 행했던 사사기 시대에 하나님만이 자신의 삶의 왕임을 삶으로 잘 드러낸 신앙인물이었다.

엘리멜렉은 '나의 하나님은 왕이시다'라는 이름 값을 하지 못하고 모압에서 죽는다. 신본주의적인 삶을 지향하지 못하고 인본주의적인 삶을 선택함으로써 아내와 두 아들에게 울타리 역할을 하지 못한 채 타국에서 죽는다. 엘리멜렉은 자신의 삶에서 자신이 주인이 되어 살아가는 많은 신앙인에게 도전과 교훈을 준다.

나오미는 인간이 겪을 수 있는 가장 큰 슬픔을 겪은 신앙인물이다. 욥의 아내는 자녀 열을 동시에 잃는 트라우마를 겪은 여성이었다. 그러나 그녀는 남편은 잃지 않았다. 하나님을 저주하고 죽으라고 말하기도 했지만 그녀는 남편 욥을 돌려받는다. 나오미는 남편을 돌려받지 못하지만 룻과 보아스를 통해 손자를 아들로 돌려받는다.

나오미는 산산이 부서진 삶에서 절망하지 않고 다시 일어선다. 하나님은 그녀의 삶을 회복시키며 상상하지 못했던 방식으로 그녀의 삶을 역전시킨다. 나오미는 실패와 좌절에 빠져 고통하는 적지 않은 신앙인들에게 소망을 주는 신앙 선배이다.

룻은 이방 땅에서 성장기를 보낸 여인이었지만 나오미의 가정에서 짧은 기간 동안 경험한 여호와 신앙에 온 마음을 다하며 목숨을 걸었던 신앙 선배이다. 젊은 나이의 여성으로서 룻이 보여준 성품과 신앙심은 나이든 보아스의 성숙한 성품과 신앙심에 견줄만하다는 점에서 놀랍다. 보아스와 룻은 참으로 인품이 잘 갖추어진 신앙인물이었다. 그들의 후손인 다윗이 이스라엘 백성들을 목자로서 인도할 때 "마음의 온전함으로"(with integrity of heart) 인도했던 것은 놀랄만한 일이 아니다 (시 78:72). 다윗에게는 훌륭한 믿음과 인품을 가진 조상이 있었던 것이다.

퍼거슨이 잘 지적했듯이 성경의 모든 말씀은 예수 그리스도를 향하고 있다. 룻기에 나타난 내러티브는 예수 그리스도의 구속 사역과 밀접한 관계를 맺고 있음을 파악해야 한다.[1] 룻의 희생적인 헌신 속에서 그리스도의 희생적 헤세드를 발견할 수 있다. 기업무를 자의 권리이자 책임을 기꺼이 감당한 보아스의 헤세드 속에서 예수 그리스도의 자발적인 희생과 사랑을 발견할 수 있다. 이방인이었던 룻은 엘리멜렉의 집안에 접붙임을 받으며 마침내 보아스와 연결되면서 이스라엘 백성의 일원이 된다. 그녀가 하나님 나라의 백성이 되며 하나님의 기업을 이어받는 자녀가 된 것은 한 때 이방인이었던 우리 모두도 예수 그리스도의 십자가 복음의 수혜자가 되며 여호와의 보호를 받는 자가 될 것을 잘 예표하며 확증한다.

---

1) Ferguson, *Faithful God*, 14.

심리학으로 읽는
룻기

초판 1쇄 인쇄 2024년 2월 15일
초판 1쇄 발행 2024년 2월 20일

지은이 이관직
발행인 문희경
발행처 도서출판 지혜와 사랑

출판등록 제 2015-000007호
등록일자 2015년 04월 14일
주 소 경기도 남양주시 다산지금로 146길67 7 403-1203호
문 의 010-5585-7731
E-mail headnheart@hanmail.net

ISBN 979-11-957392-7-1 (03230)

값 12,000원